AF309131

HENRI

DE

LA TOUR D'AUVERGNE

2ᵉ SÉRIE IN-8°.

HENRI

DE

LA TOUR D'AUVERGNE

VICOMTE DE TURENNE

MARÉCHAL DE FRANCE

Par M. H. du M...

LIMOGES

EUGÈNE ARDANT ET Cie, ÉDITEURS.

HISTOIRE

DE TURENNE

Henri de La Tour d'Auvergne, vicomte de Turenne, naquit à Sedan, le 11 septembre de l'année 1611. Il était second fils de Henri de La Tour d'Auvergne, duc de Bouillon, prince souverain de Sedan, et d'Elisabeth de Nassau, fille de Guillaume de Nassau, premier du nom, prince d'Orange. Ainsi, du côté paternel, il tirait son origine des anciens comtes d'Auvergne, dont la maison, par ses alliances, tient à ce qu'il y a de plus grand en Europe pour la naissance; et du côté maternel, il descendait de la maison de Nassau, qui a donné un empereur à l'Allemagne, plusieurs capitaines généraux

à la république de Hollande, et un roi à l'Angleterre.

Comme les parents de Turenne étaient de
la religion prétendue réformée, ils le firent élever
à Sedan dans les principes de cette religion.
Sitôt qu'il fut en âge d'avoir des maîtres, le duc
de Bouillon, son père, mit auprès de lui des
gens capables de lui donner une éducation digne
de sa naissance et des grandes vues qu'il avait
sur lui. Dans ces premières années, où l'homme,
encore incapable de déguisement, découvre
également ses bonnes et mauvaises qualités, il
fit voir une maturité si fort au-dessus de son
âge, un si grand empire sur lui-même, et
une disposition d'esprit si préparée à embrasser
tout ce qu'on lui proposait de raisonnable, qu'on
jugea bien dès lors qu'il était né pour donner
au monde de grands exemples de vertu.

Le temps de l'éducation domestique étant fini,
et le duc de Bouillon étant venu à mourir, la
duchesse de Bouillon, chargée de la conduite
de ses enfants, envoya Turenne en Hollande
pour y apprendre le métier de la guerre sous le
prince Maurice de Nassau, son frère, qui passait
à juste titre pour un des plus grands capitaines
de son siècle.

Sitôt que Turenne fut arrivé en Hollande,

le prince Maurice, son oncle, voulut savoir quel était son caractère, et il l'entretint longtemps pour cela sur toutes les choses qui pouvaient le lui faire connaître à fond. Turenne avait naturellement je ne sais quel embarras dans la langue qui faisait que, lorsqu'il voulait parler, il demeurait quelquefois un petit instant sur la première syllabe de certains mots avant de les achever; mais tout ce qu'il disait était si sensé et si juste, que cette petite difficulté qu'il avait à s'énoncer n'empêcha point que le prince Maurice ne conçût de lui une idée très-avantageuse. Il lui fit aussitôt prendre un mousquet, et voulut qu'il servît comme un simple soldat, avant de l'élever à aucun grade.

Turenne, qui ne respirait que les fonctions du métier, n'en refusa et n'en dédaigna aucune; il ne trouva rien de bas pour lui ni de trop pénible.

Après la mort du prince Maurice de Nassau, les Hollandais ayant remis le gouvernement général de leurs armées au prince Frédéric-Henri, son frère, ce prince donna à Turenne une compagnie d'infanterie, à la tête de laquelle il servit aux siéges de Groll et de Bolduc, et montra qu'il n'était pas moins bon officier que bon soldat. On ne voyait point dans toute l'armée de

compagnie plus belle ni mieux disciplinée que la
sienne. Tout jeune qu'il était, il ne s'en reposait
point sur les soins d'un lieutenant; il faisait lui-
même faire l'exercice aux soldats, il les dressait
avec patience; il les formait avec bonté, il les
corrigeait à propos, et sa bourse leur était ouverte dans tous leurs besoins. Il allait toujours le
premier à la tranchée et aux attaques. Son gouverneur, qui était un homme de service, s'effor-
çait en vain d'empêcher qu'il ne s'exposât comme
il faisait; hors de là, il le respectait comme son
père; mais quand il s'agissait de donner l'exemple
à ceux à la tête de qui il était, il n'avait égard
qu'à ce que demandait son honneur. Le prince
Frédéric-Henri, son oncle, crut même devoir lui
reprocher, comme une ardeur immodérée, ce
courage qui ne connaissait point de péril, afin
de lui donner quelques bornes; mais il avait
beaucoup de peine à dissimuler la joie qu'il res-
sentait d'être obligé de lui faire de tels reproches,
dans le temps même qu'il les lui faisait; si bien
qu'un jour, après lui avoir fait une de ces sortes
de réprimandes, il se tourna vers les officiers qui
étaient présents, et leur dit qu'il se trompait fort,
ou que ce jeune homme effacerait la gloire des
plus grands capitaines. Aussi n'y avait-il pas un
de ses soldats de sa compagnie qui n'eût en

honte de ne pas le suivre aux endroits même les plus périlleux, et de n'y pas faire paraître de la bravoure à son exemple.

Cependant il continuait de servir en Hollande. Les Français, qui s'y trouvaient en grand nombre, et qui avaient été témoins de ses actions et de sa conduite, en avaient écrit plusieurs fois à la cour; ils en parlaient comme d'un prodige de sagesse, et il était déjà connu en France, lorsque les affaires de sa maison l'obligèrent à s'y rendre.

Louis XIII, qui régnait alors, avait bien su connaître que le cardinal de Richelieu avait un génie supérieur à celui de toutes les autres personnes qui entraient dans son conseil; et persuadé qu'il avait d'ailleurs un zèle pour son service et de l'attachement pour sa personne, il l'avait fait son premier ministre, et lui avait remis l'administration générale de toutes les affaires (1626).

Le cardinal de Richelieu, se voyant maître de disposer comme il le voudrait de la puissance souveraine, résolut d'élever la France à un si haut point de grandeur que son ministère devînt célèbre dans tous les siècles à venir. Il fallait pour cela abaisser la maison d'Autriche, qui, possédant l'empire d'Allemagne et la monarchie d'Espagne, se trouvait fort au-dessus de toutes les autres maisons de l'Europe : et c'est aussi ce qu'il avait entrepris de faire.

Le cardinal de Richelieu, avant de rien entreprendre contre les étrangers, obligea la reine-mère à sortir du royaume, et les princes du sang à se contenter de leur apanage. Il fit couper la tête à quelques-uns des grands, et arrêta les autres par la crainte du même traitement; il réduisit les parlements à ne se plus mêler d'autres affaires que de celles des particuliers; il enleva aux calvinistes La Rochelle et leurs autres forteresses les plus considérables; il envoya une armée dans la Lorraine, pour se rendre maîtresse des principales places de ce duché, et enfin il fit signer à la duchesse douairière de Bouillon un traité par lequel elle promettait de demeurer toujours attachée aux intérêts du roi, qui, de son côté, s'engageait à prendre sa maison sous sa protection.

Telle était la situation des affaires de la France, lorsque la duchesse de Bouillon ayant appris que le cardinal de Richelieu, non content du traité qu'il lui avait fait signer, avait dessein de lui demander qu'elle reçût garnison française dans Sedan, jugea à propos d'envoyer Turenne en France, afin qu'il y servît comme d'otage et

de caution des engagements qu'elle avait con-
tractés avec cette couronne, et qu'on ne fît pas
de nouvelles propositions au préjudice de la
souveraineté du duc de Bouillon, son fils
aîné (1630).

Turenne, étant donc allé à la cour de France,
fut reçu du roi et du cardinal de Richelieu avec
tous les honneurs que devaient lui attirer sa
naissance et son mérite personnel, et on lui
donna un régiment d'infanterie, à la tête duquel
il servit au siége de La Mothe.

La Mothe était une forteresse située sur le
haut d'un rocher fort élevé, et d'une dureté à
l'épreuve de la sape et de la mine. Malgré tout
cela, Turenne s'avança d'un grand sang-froid
vers la brèche; les soldats de son régiment,
fiers de l'avoir à leur tête, ne furent arrêtés par
aucun danger, quelque grand qu'il fût. Les
assiégés firent en vain des efforts pour chasser
Turenne; la place fut emportée. Il reçut des
compliments de toute l'armée, le maréchal de
la Force lui rendit toute la justice qui lui était
due.

Le cardinal de Richelieu, regardant Turenne
comme un homme dont l'expérience et le jugement devançaient beaucoup l'âge, le fit maréchal de camp, quoiqu'il n'eût que vingt-trois ans,

et que le grade de maréchal de camp fût le premier après celui de maréchal de France (1634).

Quelque temps après, le cardinal de Richelieu ayant chargé le cardinal de La Valette d'aller secourir la duchesse douairière de Savoie, qui avait bien de la peine à se maintenir dans la régence des Etats du jeune duc, son fils, contre les entreprises du prince Thomas et du cardinal de Savoie, ses beaux-frères, M. de La Valette demanda Turenne au cardinal de Richelieu. Il le lui aurait accordé volontiers, s'il n'avait pas cru avoir absolument besoin de lui pour une très-grande entreprise qu'il méditait du côté du Rhin. En effet, il avait résolu de faire assiéger, cette année-là, par le duc de Weimar, la ville de Brisach, qui était regardée alors comme le boulevard de l'Allemagne. Ayant donc déclaré au cardinal de La Valette qu'il n'avait qu'à se résoudre à se passer de Turenne, il l'envoya au duc de Weimar, avec un corps de quatre mille hommes qu'il avait levés dans le pays de Liége. Le duc de Weimar, ayant reçu ce renfort, fit aussitôt avancer son armée du côté de Brisach, dont il se rendit maître ainsi que de tous les châteaux et de tous les postes des environs (1638).

De tous les dehors de Brisach, il ne nous

restait plus à prendre que le fort nommé le Ravelin de Raynach, qui, rendant les ennemis maîtres du principal bras du Rhin, leur laissait toujours l'espérance d'être secourus par cet endroit, et les empêchait de se rendre. Le duc de Weimar, qui avait vu Turenne réussir heureusement dans tout ce qu'il avait entrepris durant ce siége, le chargea encore de l'attaque de ce fort. Turenne y alla avec quatre cents hommes. Il fit rompre la palissade à coups de hache ; ses gens y entrèrent par trois endroits à la fois ; tout y fut tué, et le gouverneur de la ville, ne pouvant plus compter sur aucun secours, capitula le 17 décembre.

Ce qu'il y a d'étonnant dans ce que Turenne fit pour la prise de cette place, c'est qu'il eut la fièvre quarte pendant tout le temps que dura le siége. Aussi le duc de Weimar ne pouvait-il s'empêcher de l'embrasser au retour de chaque expédition où il l'envoyait ; et après la reddition de la ville, il en écrivit au cardinal de Richelieu comme d'un homme qui égalerait bientôt les plus grands capitaines : de manière que, lorsque Turenne vint à la cour, il n'y eut sortes de prévenances que le cardinal de Richelieu ne lui fît, jusqu'à lui demander son amitié, faveur qu'il n'avait encore faite qu'aux princes du sang.

Il l'envoya en Italie, où pendant que le duc de Weimar avait fait une si glorieuse campagne en Alsace, le cardinal de La Valette avait perdu Ivrée, Verceil, Verrue, Nice, Coni, et plusieurs autres places considérables dont les princes de Savoie, secourus des Espagnols, s'étaient rendus maîtres. L'empereur ayant dans ce même temps-là fait publier un décret par lequel il déclarait la duchesse de Savoie déchue de la tutelle du jeune duc, son fils, presque tout le Piémont se souleva contre elle, et se livra à ses beaux-frères; de manière qu'il ne lui restait plus que Suze, Savigliano, Carignan, Chivasso, et la citadelle de Turin, la ville même ayant été surprise de nuit par le prince Thomas (1639).

Les choses étaient dans cet état lorsque le cardinal de La Valette étant venu à mourir, le cardinal de Richelieu donna ordre au comte d'Harcourt d'aller se mettre à la tête de l'armée d'Italie, où il avait déjà envoyé Turenne. A l'arrivée du comte d'Harcourt, on tint conseil; on y examina l'état des troupes; et, quoique les ennemis en eussent deux fois autant que nous, on résolut de les aller chercher, quelque part qu'ils fussent.

Turenne fut désigné, et marcha avec tant de diligence qu'il prévint le prince Thomas : et,

étant arrivé avant lui au pont de la rivière de
Sentena, il s'en saisit, ainsi que de tous les
postes des environs, d'où l'on pouvait favoriser
le passage de notre armée. Le prince Thomas y
arriva peu de temps après avec neuf à dix mille
hommes, et vint fondre sur Turenne qui, après
avoir soutenu le premier choc des ennemis, les
fit charger à son tour avec tant de vigueur qu'il
rompit leurs trois lignes, et les mena battant
l'espace de plus d'un mille. Le prince Thomas fut
renversé deux fois dans un fossé, et il aurait
infailliblement été pris sans l'obscurité de la
nuit, qui fit qu'on ne put le reconnaître, et que,
malgré une déroute si générale, la plus grande
partie de son armée se sauva par la fuite (1639).

Pendant que Turenne était aux prises avec le
prince Thomas, le marquis de Leganez était
descendu de Poirin, et était venu avec ses Espagnols attaquer le comte d'Harcourt, qui de son
côté était aussi demeuré victorieux des ennemis;
mais comme ils ne laissaient pas de l'inquiéter
encore, il n'osait passer plus près de la rivière,
craignant que le prince Thomas ne se fût rendu
maître des passages. Turenne lui envoya dire
alors qu'il n'avait rien à craindre, qu'il pouvait
faire avancer l'armée en assurance, qu'il se
chargeait de faire l'arrière-garde, et qu'il répon-

dait de tout. Le comte d'Harcourt s'avança sur sa parole : tout défila devant Turenne, troupes, canons, bagages, et tout cela au petit pas, et sans aucun désordre. Il passa le dernier : et, ayant mis pied à terre, il aida lui-même à rompre le pont ; après quoi le comte d'Harcourt alla sans peine à Carignan où il mit en quartier d'hiver une partie de son armée, et le reste aux environs. Tel fut le combat de la route, si célèbre sous le nom de la *Route de Quiers.*

On donna presque tout l'honneur de cette victoire à Turenne. L'éclat de cette action fut si grand, que, comme s'il eût fait oublier toutes celles que Turenne avait faites jusque-là, on commença à ne plus compter ses exploits que de la *Route de Quiers.*

La campagne ainsi finie, le comte d'Harcourt s'en alla à Pignerol pour y passer l'hiver. Il laissa Turenne à la tête de nos quartiers pour les défendre, et il le chargea avec cela de ne laisser manquer de rien la citadelle de Turin, que le comte de Couvonges défendait toujours contre le prince Thomas, qui la tenait assiégée de l'intérieur de la ville, dont il était le maître.

Turenne trouvant que nos troupes étaient trop serrées dans les endroits où elles s'étaient logées, et que la cavalerie manquait de fourrage, commença par assiéger les villes de Busca et de Dronero, qu'il prit en six jours; et notre armée eut de quoi s'étendre et subsister à son aise. Il fit ensuite entrer dans la citadelle de Turin les munitions de guerre et de bouche nécessaires, malgré tout ce que le prince Thomas put faire pour l'empêcher (1640).

Peu de temps après, ayant su que ce prince avait envoyé un corps de cavalerie assez près de là pour y hiverner, il alla l'investir, et il l'enleva. Au commencement du printemps, le comte d'Harcourt ayant appris que le marquis de Leganez, à la tête de vingt mille hommes, avait assiégé Cazal, que nous défendions pour le jeune duc de Mantoue, notre allié, il demanda à Turenne de le venir trouver à Pignerol, pour délibérer sur ce qu'ils devaient faire en cette rencontre. Turenne détermina bientôt le comte d'Harcourt, en lui disant que Cazal nous était d'une telle importance qu'il fallait promptement rassembler le peu de troupes que nous avions, et y marcher sans perdre un moment; bientôt Cazal fut pris.

Comme nos troupes étaient fort animées par ce succès, le comte d'Harcourt crut qu'il devait profiter de leur ardeur; et ayant assemblé le conseil de guerre pour y résoudre quelque entreprise, Turenne proposa le siége de Turin, qui fut résolu et exécuté (1640).

On se saisit du pont qui est sur le Pô, à la droite de ce fleuve, du Valentin et de tous les autres postes avantageux qui sont aux environs. On renversa à coups de canon les moulins de la ville qui étaient sur la rivière nommée la Petite-Noire. On fit des lignes de circonvallation et d'autres de contrevallation, et on serra la place autant qu'on le pouvait, dans l'espérance que, en n'y laissant rien entrer, on l'affamerait en peu de temps.

Le marquis de Leganez, regardant cette entreprise du comte d'Harcourt comme une occasion que la fortune lui présentait pour se venger de l'affront qu'il venait de recevoir devant Cazal, manda au prince Thomas qu'il allait marcher à son secours; que, pour cette fois, le comte d'Harcourt ne lui échapperait pas, et que les dames de Turin pourraient louer d'avance des fenêtres sur la grande rue pour le voir passer prisonnier. Il grossit son armée des garnisons de la plupart des places du Milanais, et vint avec dix-huit mille hommes sur la montagne qui est au-dessus des Capucins, au-delà du Pô; à dessein de passer ce fleuve sur le pont de Turin.

Mais il trouva ce pont si bien gardé qu'il n'osa
l'attaquer. Il décampa donc ; et le comte d'Harcourt se douta bien qu'il voulait aller passer ce
fleuve à Montcalier, au-dessus de Turin ; il y
envoya Turenne avec un détachement pour s'opposer à son passage.

Quelque diligence que Turenne pût faire,
lorsqu'il arriva à Montcalier, quatre ou cinq
mille des ennemis avaient déjà passé le Pô, et
commençaient à se retrancher dans les cassines
qui étaient en-deçà de ce fleuve. Il marche à eux
sans perdre un moment : ses soldats font
difficulté de passer un ruisseau que les pluies de
la nuit avaient fait déborder ; il le passe le premier, il attaque les cassines que les ennemis
avaient déjà percées pour s'y défendre ; il les
en chasse, il les taille en pièces en les poussant
vers le Pô, où ceux qui lui échappent se noient ;
il brûle le pont qui n'était que de bois, et se
retranche sur le bord du fleuve vis-à-vis des
ennemis. Cette action ainsi exécutée fit une telle
impression sur l'esprit du marquis de Leganez,
qu'il se retira vers le Rivigliasco, sous prétexte
d'aller chercher un renfort de troupes, et
laissa son armée sous la conduite de Carlo della
Gatta, le plus brave et le plus entendu de ses
officiers, qui lui promit qu'il la ferait passer de

quelque manière que ce fût. Turenne ayant affaire à un homme qui avait la réputation d'être le plus vigilant des ennemis, fit garder jour et nuit les gués qui étaient au-dessus de Montcalier, de sorte que Carlo della Gatta n'osa ni les passer en sa présence, ni jeter des ponts en aucun endroit. Tout ce qu'il put faire fut de s'emparer de quelques petites îles qui étaient plus proches du bord du Pô, sur lequel il était, que celui où nous étions. Turenne trouva moyen d'y passer avant que les ennemis eussent fini leurs retranchements : il les en délogea, et tous ceux qui y étaient furent encore ou taillés en pièces ou noyés dans le Pô. Mais Turenne y reçut un coup de mousquet à l'épaule, et fut obligé de se faire apporter à Pignerol : ce que le marquis de Leganez ayant appris, il revint à Montcalier, jeta un pont sur le Pô, passa ce fleuve malgré tous nos efforts, alla resserrer le comte d'Harcourt dans son camp ; et peut-être n'y eut-il jamais en aucun endroit une pareille disposition d'armée, où les troupes des deux partis, également assiégeantes et assiégées, s'environnaient les unes les autres, et étaient tellement environnées que le prince Thomas, qui assiégeait le comte de Couvognes dans la citadelle, se voyait assiégé dans la ville par le comte d'Harcourt, que le marquis ds Leganez tenait pareillement assiégé dans son camp.

En cette situation, le marquis de Leganez était convenu d'attaquer nos lignes pendant que le prince Thomas ferait une sortie. Le jour qu'ils avaient pris pour ceci étant arrivé, le comte d'Harcourt fut vigoureusement attaqué tout à la fois du côté de la ville et du côté de la campagne. Le prince Thomas se rendit maître du Valentin, et Carlo della Gatta ayant comblé nos lignes au quartier du marquis de La Mothe-Houdancourt, qu'il força, entra dans Turin avec douze cents chevaux et mille hommes de pied; après quoi le marquis de Leganez ayant fait occuper le poste de Colegno, qui le rendit maître de la Petite-Noire comme il l'était du Pô par Montcalier, où il avait laissé quelques régiments, il empêcha qu'il nous vînt des vivres ni de Suze, ni de Pignerol, et nous affama tellement dans notre camp que tous les officiers généraux voulaient obliger le comte d'Harcourt à se retirer de devant Turin, lorsque Turenne, se trouvant guéri de sa blessure, amena de Pignerol à notre armée un grand convoi de vivres et de munitions.

L'arrivée de ce secours désespéra le prince Thomas qui, se voyant réduit à la dernière extrémité, demanda enfin à capituler, et se rendit. Le marquis de Leganez, abandonnant la partie, repassa le Pô avec son armée ; et le comte d'Harcourt, s'en retournant en France, laissa la sienne à Turenne par ordre de la cour.

Turenne marcha sur Moncalvo et Ivrée (1541). Le comte d'Harcourt, ayant appris que Turenne avait en peu de temps pris Montcalvo, et qu'il avait même assiégé Ivrée, fut piqué d'émulation jusqu'au milieu des délices de la cour. Il partit pour se rendre à Ivrée; à son arrivée, ayant fait donner un assaut à la place, il leva le siége, disant qu'il fallait tout abandonner pour secourir Chivasso. Le prince Thomas, qui n'avait d'autre dessein que de nous faire lever ce siége, leva aussi celui de Chivasso avant que nous y fussions arrivés, et se retira au-delà du Pô avec son armée. Il semble que le comte d'Harcourt aurait dû, après cela, revenir assiéger Ivrée; cependant, abandonnant toutes les vues que Turenne avait eues en assiégeant cette place, il passa le Pô, et alla prendre les villes de Ceva, de Mondovi et de Coni.

Quoique Turenne n'eût pas lieu d'être content du comte d'Harcourt, il travailla néanmoins de si bonne foi pour la gloire de ce général aux siéges de ces trois places, que toute l'armée en fut dans la dernière surprise. Ce procédé augmenta l'estime que le cardinal de Richelieu avait pour Turenne, et la confiance qu'il avait pour lui alla jusqu'à un tel point, qu'il n'y avait aucune entreprise si difficile dont il ne tînt le succès assuré dès que ce prince y avait quelque part. Aussi ne se faisait-il rien de grand en aucun endroit qu'on ne l'y appelât aussitôt, comme il arriva l'année suivante, où le cardinal de Richelieu ayant formé le dessein de conquérir le Roussillon pour pénétrer dans la Catalogne, dont les habitants s'offraient à la France, et ayant engagé le roi à y aller en personne, il fit aussitôt venir Turenne, quelque nécessaire qu'il fût en Italie, où il était en état de rendre de grands services par la connaissance qu'il avait acquise de ce pays-là.

Sitôt que l'armée qui devait agir en Roussillon fut assemblée, on marcha sur Perpignan, qui en est la capitale, dans le dessein d'assiéger cette place ; mais comme les Espagnols pouvaient la secourir par Collioure, où il leur était aisé d'aborder avec leurs vaisseaux, on se contenta de bloquer Perpignan, et on alla assiéger Collioure qui est par-delà. Le gouverneur ayant fait faire quantité de forts et de redoutes tout autour de la ville, on les prit tous l'un après l'autre l'épée à la main, et la ville fut contrainte de se rendre. On assiégea ensuite Perpignan : le siége dura plus longtemps; mais enfin le gouverneur fut obligé de capituler. On se rendit maître après cela de la forteresse de Salces et des autres places fortes sans beaucoup de peine.

Ce fut dans ce temps-là que le duc de Bouillon, frère de Turenne, s'étant trouvé impliqué dans un traité que le duc d'Orléans avait fait avec l'Espagne, et ayant été arrêté à la tête de notre armée d'Italie qu'il commandait, fut obligé, pour sauver sa vie, de livrer Sedan au roi, qui s'engagea à lui donner en échange plusieurs grandes terres, et à conserver le rang de prince à tous ceux de sa maison (1542).

La possession de cette importante place, qui est demeurée depuis unie à la couronne, fut le dernier des avantages que le cardinal de Richelieu procura à la France: ce grand ministre mourut peu de temps après.

Le cardinal Mazarin succéda à la place de cardinal de Richelieu auprès de Louis XIII; mais il n'y resta pas longtemps, car ce prince mourut cinq mois après, et laissa la reine Anne d'Autriche, sa femme, régente du royaume durant la minorité de Louis XIV, son fils, qui n'avait que quatre ans et demi (1643).

Anne d'Autriche, sachant ce qu'un homme tel que Turenne pouvait pour la défense d'un état, lui envoya le bâton de maréchal de France, et lui donna le commandement de notre armée d'Allemagne.

Jusqu'ici nous avons passé assez légèrement sur toutes les actions militaires que nous avons décrites, parce qu'elles ne regardent pas directement Turenne, qui ne commandait point en chef. Mais désormais que, presque toujours seul maître des armées où il se trouvera, il sera aussi presque toujours seul chargé des événements, nous les décrirons avec leurs principales circonstances.

Le cardinal Mazarin, maître des grâces, et chargé du poids des affaires, voulant reconnaître les services rendus à la couronne par Turenne, et en faire le principal appui de son ministère, lui offrit le duché du Château-Thierry ; mais il le refusa, et s'en alla sur le Rhin. Il assembla son armée aux environs de Mayence, lui fit descendre un pont de bateaux, auprès de Bacharach, et envoya un homme de confiance au général Wrangel, qui commandait l'armée suédoise, pour lui faire part du dessein qu'il avait de passer le Rhin à Bacharach, de traverser le comté de Nassau, et de l'aller trouver dans la Hesse, et concerta avec lui toutes choses pour la jonction.

Il allait faire marcher l'armée, lorsque le cardinal Mazarin, se fiant aux promesses que faisait le duc de Bavière de ne point joindre son armée à celle de l'empereur si la nôtre demeurait en-deça du Rhin, lui envoya ordre de ne point passer ce fleuve, d'abandonner tous les projets qui devaient être exécutés en suite de la jonction, et d'aller assiéger Luxembourg. Turenne fut assez surpris de ce changement; il pénétra tout d'un coup les artifices du duc de Bavière : néanmoins, pour ne pas contrevenir à un ordre aussi positif, il ne passa point le Rhin.

Cependant, tandis que le duc de Bavière amusait le cardinal Mazarin par de belles promesses, son armée marchait toujours; et ayant enfin joint celle de l'empereur dans la Franconie, les Impériaux et les Bavarois, avec toutes leurs forces réunies, se mirent encore entre nous et les Suédois; de sorte que notre pont du Rhin nous devint inutile, puisque nous ne pouvions plus aller dans la Hesse par le comté de Nassau, que les ennemis occupaient.

Turenne alors, ayant pris son parti, manda au cardinal Mazarin ce qu'il avait dessein de faire, et sans attendre sa réponse, il traversa l'électorat de Cologne et le comté de Meurs. Il dépêcha en même temps un courrier au général Wrangel pour lui faire part de son dessein : après quoi il passa le Rhin, traversa toute la Westphalie, et ayant trompé les ennemis par un si grand détour, il joignit l'armée suédoise sur les frontières de la Hesse, entre Wetzlar et Giessen, où le général Wrangel, serré de près par les Impériaux et les Bavarois, se tenait retranché dans des postes avantageux en nous attendant.

A la nouvelle de cette jonction, les ennemis se retirèrent, et allèrent se camper près de la ville de Friedberg. Mais l'archiduc Léopold, nous voyant si près de lui, bien loin d'accepter la bataille, ne s'occupa qu'à faire encore creuser nuit et jour les retranchements de son camp, où il était déjà presque tout à fait enterré avec son armée.

Bientôt, se trouvant sans vivres avec deux grandes armées qu'il était obligé de faire subsister, il fut contraint de décamper, et il nous demanda la paix. Ce fut en partie à l'occasion de ces conquêtes que la France fit frapper la médaille qui représente Mars portant un javelot chargé de plusieurs couronnes murales. La légende : *Mars Expugnator*, signifie : *Mars preneur de villes*. L'exergue : *XIII Urbes aut Arces captœ* MDCXLVI, veut dire : *Treize villes ou forteresses prises* (1646).

De ces treize villes, le duc d'Orléans, le duc d'Enghien, le marquis de La Ferté, le maréchal du Plessis en prirent huit et Turenne en prit lui seul cinq (1646).

La paix ayant été ainsi faite avec le duc de Bavière, et les Suédois étant assez forts pour soutenir eux seuls la guerre contre l'empereur en Allemagne, le cardinal Mazarin envoya ordre à Turenne de mener ses troupes en Flandre, où notre armée n'était pas, à beaucoup près, si forte que celles des Espagnols, qui était commandée par l'archiduc Léopold. Turenne quitte donc la Bavière, et avant d'aller à Philippsbourg pour passer le Rhin, il prend Béblighen et Tubingue, pour le duché de Wurtemberg ; Steinheim et Hochst, sur le Mein ; Darmstadt, Gernsheim et quelques autres places qui pouvaient assurer nos conquêtes le long du Rhin, et nous ouvrir divers passages dans le reste de l'Allemagne.

Pour faire passer jusqu'à la dernière postérité

le souvenir de sa conduite et des conquêtes qu'il avait faites durant cette campagne, on fit frapper une médaille qui représente un quadrige chargé d'un trophée qui couronne la victoire.

La légende, *Diverso ex hoste*, signifie : *La France triomphante de différents ennemis.*

L'exergue, *XI Urbes aut Arces captœ, MDC XLVII*, veut dire : *Onze villes ou forteresses prises* (1647).

De ces onze villes les maréchaux de Rantzau et de Gassion en prirent trois : et Turenne en prit lui seul huit.

Cependant le duc de Bavière, voyant que les Suédois remportaient de très-grands avantages sur l'empereur, et craignant qu'ils ne devinssent trop puissants, joignit son armée à celle des Impériaux, sans avoir égard au traité qu'il venait de faire avec nous et avec la couronne de Suède; et le général Mélander, qui était alors à la tête des deux armées, étant entré dans la Hesse, avait déjà poussé le général Wrangel jusque dans le Brunswick, lorsque Turenne reçut ordre d'aller à son secours. Il part aussitôt du duché de Luxembourg avec son armée, s'avance dans le Palatinat, fait lever, chemin faisant, le siège de Worms aux Impériaux et aux Espa-

gnols, et passe le Rhin à Mayence. A cette nouvelle, les Impériaux et les Bavarois quittent le
pays de Hesse, et se retirent vers le Danube.

Le général Wrangel, se trouvant ainsi délivré
d'eux, traverse la Hesse, et s'avance jusqu'à
Gelenhausen, dans le comté de Hanau, entre la
Hesse et la Franconie, où Turenne l'étant venu
joindre, ils résolurent de passer le Mein, et
d'aller chercher les ennemis pour les combattre.
Le général Mélander ayant appris que nous
avions passé le Mein, passe le Danube à la hâte,
et marche vers Augsbourg. Nous le poursuivons
avec plus de diligence. Nous passons le même
fleuve que lui à Lavingen, où nous laissons nos
gros équipages, nos malades, et tout ce qui
pouvait nous embarrasser. Turenne et le
général Wrangel prennent les devants avec la
cavalerie, en donnant ordre à l'infanterie de suivre avec le canon, le plus promptement qu'il se
pourrait.

On atteignit bientôt à Susmarshausen l'arrière-
garde de l'armée ennemie, qui achevait de passer
un bois à la faveur de trente escadrons que
commandait le comte de Montecuculli. Mais
Turenne et le général Wrangel les y poursuivi-
rent sans leur donner de relàche, et ils n'eurent pas plutôt passé le Lech, que les ennemis,

fuyant toujours, passèrent l'Amber, l'Iser et l'Inn,
et se réfugièrent dans l'Autriche, abandonnant
toute la Bavière à notre armée.

Alors le duc de Bavière, ne trouvant plus de
sûreté pour lui dans aucune ville de ses Etats,
en sortit et se retira dans l'archevêché de Saltz-
bourg, où il fut obligé d'aller chercher un asile
à l'âge de soixante-quinze ans. Il dépêcha courriers sur courriers à l'empereur, et il le pressa
tellement de faire la paix qu'elle fut enfin conclue à Munster entre l'empereur et le roi de
France, et les alliés de l'un et de l'autre. La
France, pour immortaliser une campagne si
glorieuse, fit frapper une médaille qui représente la Victoire, qui d'une main tient une couronne de laurier, et de l'autre une pique, au
bout de laquelle est un trophée. La légende,
Victoria fractœ fidei ultrix, signifie : *La Victoire
vengeresse de la foi violée.* L'exergue, *Pulso
trans OEnum Bavaro, MDCXLVIII*, veut dire :
*Le duc de Bavière chassé au-delà de la rivière de
l'Inn* (1648).

Par le traité de Munster, le landgraviat d'Alsace,
le Sundgau, Brisach, et la préfecture des dix
villes impériales qui sont en Alsace, ainsi que
le droit de mettre garnison dans Philippsbourg,
furent accordés à la France, avec tous les droits

de souveraineté que l'empereur et l'empire pouvaient avoir sur Pignerol et sur les villes et
évêchés de Metz, Toul et Verdun. On céda aussi
à la landgrave de Hesse, qui avait toujours
été attachée à nos intérêts, l'abbaye d'Hirfeld,
avec le droit de seigneurie sur quatre baillages
de la Westphalie, et aux Suédois, nos alliés,
les duchés de Brême et de Verdun, avec la ville
de Wilshusen, la ville et le port de Wismar,
toute la Poméranie citérieure, les îles de Rügen
et de Wolin, les villes de Stettin, Garz, Dam
et Golnau, et plusieurs autres avantages très-
considérables. Ainsi finirent nos guerres avec
l'empereur et avec l'empire (1648).

Pendant que nos guerres étrangères se termi-
naient si glorieusement, il s'en formait une
beaucoup plus dangereuse au milieu de l'Etat,
où la fureur des dissensions civiles s'étant élevée,
l'esprit de révolte gagna rapidement tout ce
qu'il y avait de plus fidèle dans le royaume, les
parlements, les princes du sang, et même
Turenne; triste mais sincère partie de l'histoire
de ce grand homme, où je raconterai ses fautes
sans en dissimuler la honte, comme j'ai raconté
jusqu'à présent ses belles paroles et ses belles
actions sans en exagérer le mérite. Mais afin de
pouvoir faire bien entendre quelle part il eut à

nos malheureuses divisions, il faut remonter jusqu'à leur origine, et faire voir la situation où était la France alors par rapport au gouvernement.

Le roi Louis XIV était encore mineur, et la reine régente ne faisant rien que par le conseil du cardinal Mazarin : c'était proprement lui qui gouvernait le royaume. Ce ministre, chargé des entreprises, et persuadé que l'argent était le ressort des succès, multipliait les charges publiques. Le parlement de Paris, qui croyait devoir être consulté, s'opposa formellement à l'exécution d'un édit par lequel on voulait faire une nouvelle levée de deniers sur le peuple. Le cardinal Mazarin, blessé, supprima les émoluments de tous les officiers de justice, afin de regagner sur eux ce qu'on l'empêchait de prendre sur le peuple. Le parlement, piqué à son tour, entreprit d'établir une chambre de justice qui prît connaissance des malversions commises dans l'administration des finances. Le cardinal regarda cette entreprise comme un attentat contre l'autorité royale, et fit arrêter quelques membres du parlement, croyant intimider par là tout le corps. Mais à cette nouvelle, le peuple, qui était persuadé que le parlement n'avait en vue que ses intérêts, s'étant soulevé, et ayant pris les armes, la cour fut obligé de remettre en liberté les officiers qu'elle avait fait arrêter. Le cardinal Mazarin, outré d'avoir été ainsi réduit à céder aux rebelles, qui semblaient triompher de son autorité, résolut de se venger du parlement et du peuple. Il sortit de Paris ; il emmena le roi et la reine à Saint-Germain-en-Laye ; et se flattant de forcer les Parisiens à tout ce qu'il voudrait par la famine, il engagea le prince de Condé (1) à bloquer Paris. Le parlement, de son côté, se prépara à une vigoureuse défense, rendit un arrêt par lequel il déclarait le cardinal Mazarin perturbateur du repos public, lui enjoignit de sortir du royaume, et délivra des commissions pour lever des gens de guerre. Les ducs de Bouillon et d'Elbeuf étant venus offrir leurs services au parlement, il les donna pour lieutenants-généraux au prince de Conti, qu'il fit généralissime de ses troupes. En cette qualité, le prince de Conti envoya un homme de confiance à l'archiduc Léopold, pour le porter à joindre les forces des Espagnols aux siennes.

Telle était la situation des affaires, lorsque le cardinal Mazarin envoya ordre à Turenne d'amener ses troupes aux environs de Paris, et que le duc de Bouillon lui écrivit pour l'enga-

(1) C'est ainsi que s'appelait le duc d'Enghien depuis la mort du prince Condé, son père.

ger à prendre le parti du parlement, lui représentant que le cardinal Mazarin faisait naître tous les jours de nouvelles difficultés.

Turenne épousa la cause du parlement, et le parlement rendit un arrêt par lequel il était enjoint à tous les *officiers et sujets du roi d'obéir à ce général*, et par lequel il était ordonné qu'on ferait un fonds pour fournir à la subsistance de son armée. Mais le cardinal Mazarin ayant envoyé Hervard à cette armée avec beaucoup d'argent, la plus grande partie des officiers et des soldats abandonnèrent Turenne (1649).

Ce général, voyant qu'il ne pouvait rien exécuter de fort considérable avec le reste des troupes qui voulaient suivre sa fortune, se retira en Hollande, où il demeura jusqu'à la conclusion du traité de paix qui se fit peu de temps après entre le roi et le parlement. Par un des articles de ce traité, « le roi déclarait que,
» en échange de la principauté de Sedan, il don-
» nerait incessamment de ses domaines au duc
» de Bouillon jusqu'à la concurrence de la
» valeur de ladite principauté ; que ce qui lui
» avait été promis pour le rang de ceux de sa
» maison serait ponctuellement exécuté ; que,
» quand il disposerait du commandement de

» ses armées, il aurait égard au mérite du vi-
» comte de Turenne, et qu'il le gratifierait même
» en toutes sortes d'occasions de ce qui lui con-
» viendrait selon sa naissance. » Sur la foi de
ce traité, Turenne partit de Hollande et revint à
la cour, où il arriva justement dans le temps
que le cardinal Mazarin et le prince de Condé.
voulant être chacun seul maître, faisaient paraître quelque chose de si aigre et de si piquant,
jusque dans les premières froideurs par où commença leur mésintelligence, qu'il était aisé de
juger qu'elle dégénèrerait bientôt en une haine
implacable. Leur division partageant toute la
cour, il n y avait persònne qui ne prît parti pour
l'un ou pour l'autre. Turenne seul demeurait
neutre, et ne s'était point encore déclaré pour
aucun des deux.

Cependant notre armée d'Allemagne, ayant
appris son retour en France, envoya à la cour
des députés qui le demandèrent pour général;
mais on ne jugea pas à propos de lui confier
un pareil emploi. Dès que Turenne vit les princes
au pouvoir du cardinal Mazarin, il sortit de
Paris ; et, s'étant rendu à Stenay, place forte
sur la Meuse, qui appartenait au prince de
Condé, il invita tous ses amis et toutes les créatures de ce prince à l'y venir joindre. Le cardi-

nal Mazarin envoya après lui, ajoutant encore de
nouvelles promesses à celles qu'il lui avait faites;
mais Turenne ne voulut rien entendre, et per-
sévérant dans le dessein qu'il avait formé, il ven-
dit sa vaisselle d'argent pour lever des troupes;
il employa au même usage les pierreries de la
duchesse de Longueville, qui les lui vint apporter; il fit tenter la fidélité des troupes qui
avaient servi sous lui en Allemagne, et il en
gagna trois régiments qui vinrent le trouver. Il
proposa une ligue à l'archiduc Léopold, qui
commença par demander qu'on lui remît la ville
de Stenay; mais Turenne la lui refusa, ne voulant
point se dessaisir de l'unique place où il pouvait
se retirer et se mettre hors du pouvoir des Espagnols. On ne laissa pas néanmoins de conclure
le traité par lequel l'archiduc Léopold s'engagea,
pour le roi d'Espagne, à ne point faire la paix
qu'on n'eût rendu la liberté aux princes; et
Turenne promit de ne point mettre les armes bas
que la France n'eût offert des articles de paix
justes et raisonnables aux Espagnols. Ce traité
ayant été ratifié par le roi d'Espagne, Turenne
et l'archiduc Léopold joignirent leurs troupes,
et, à la tête de dix-sept à dix-huit mille hommes,
ils entrèrent en France par les frontières de la
Picardie : ils assiégèrent le Catelet, petite place

à la source de l'Escaut, qu'ils prirent en trois jours. De là ils allèrent assiéger la ville de Guise. Après la prise de cette place, ils passèrent la rivière d'Oise : Turenne s'avança avec trois mille chevaux jusqu'à Vervins, pour observer notre armée qui était à Marle. Il alla prendre Rethel, Château-Porcien et Neufchâtel, passa la rivière d'Aisne, prit la ville de Fismes, força le maréchal du Plessis de s'aller enfermer dans Reims avec son armée, envoya prier l'archiduc Léopold de lui amener le reste des troupes, en posta un corps derrière la Marne, en fit avancer un autre à la Ferté-Milon ; et s'étant ainsi rendu maître de tous les passages jusqu'à Paris, il se disposait à venir le lendemain investir le château de Vincennes pour en tirer les princes : il aurait peut-être exécuté ce dessein, si on ne les eût promptement transférés au château de Ma-coussis qui est entre Paris et Orléans. Turenne ayant ainsi manqué son coup, fut obligé de rebrousser chemin : et ayant repassé l'Aisne avec son armée, il demeura avec huit mille hommes sur la frontière, entre l'Aisne et la Meuse, pour veiller à la conversation des places qu'il avait sur ces deux rivières (1650).

Quoique la saison fût déjà avancée, le maréchal du Plessis et le cardinal Mazarin, qui l'était venu joindre, ne laissèrent pas d'entreprendre le siége de Rethel avec l'armée du roi, qui s'était reposée durant toute la campagne, et qui, grossie de plusieurs détachements que le cardinal Mazarin y avait fait venir, se trouvait alors forte de dix-neuf à vingt mille hommes. Turenne laissa investir cette place, et ne voulut marcher pour la secourir que lorsqu'elle serait assiégée dans les formes; mais elle ne put tenir et fut prise à la suite d'un affreux combat.

N'ayant d'autre parti à prendre que celui de la retraite, il donna ordre à son armée de se retirer dans le Luxembourg, et il put retrouver à Montmédy quatre mille hommes.

Il se réfugia dans cette place, plutôt qu'à Stenay dont il était le maître, afin qu'on ne s'imaginât pas qu'il voulût abandonner les Espagnols par la mauvaise opinion qu'il pouvait avoir d'eux depuis la perte de cette bataille : ce que l'archiduc Léopold ayant appris, il lui en sut si bon gré qu'il lui envoya un pouvoir pour nommer à toutes les charges qui vaquaient par la mort des officiers qui avaient été tués, et pour donner aux troupes qui lui restaient des quartiers en tel endroit des terres du roi d'Espagne qu'il voudrait. Mais Turenne refusa. Il savait qu'on travaillait fortement à la liberté des princes, et il ne croyait plus pouvoir, avec justice, recevoir rien des Espagnols dans le temps où il estimait que son engagement avec eux allait finir.

Turenne se retira à Stenay, d'où il écrivit à l'archiduc Léopold pour l'assurer qu'il ne sortirait point de cette place qu'il n'eût exécuté ce à quoi il s'était engagé par le traité qu'il avait fait avec les Espagnols, *de ne point mettre bas les armes que la France n'eût offert á l'Espagne des articles de paix justes et raisonnables.* Il écrivit aussi en même temps au prince de Condé pour le prier de faire en sorte que la cour envoyât incessamment une personne de considération à Stenay, avec ordre d'y travailler à la paix, il pressa si fort la négociation, que la France offrit d'abandonner la Catalogne, de ne plus se mêler des affaires du roi de Portugal, et d'envoyer sur la frontière le duc d'Orléans, avec un plein pouvoir de conclure la paix, si les Espagnols voulaient aussi envoyer l'archiduc avec le même pouvoir. Mais le roi d'Espagne refusa de le faire; et Turenne l'ayant en vain sollicité pendant deux mois pour cela, il se crut suffisamment dégagé d'avec les Espagnols; de sorte que, après les avoir remerciés, il partit pour Paris.

Peu de temps après, Turenne, qui n'avait plus aucun lieu de se plaindre de la cour, partit de Paris, et alla offrir ses services à la reine (1652).

Comme le maréchal d'Hocquincourt avait déjà été mis à la tête de l'armée, la reine fit demander à Turenne s'il voudrait bien la commander conjointement avec ce maréchal. On doutait que Turenne voulût s'accommoder de cette association, mais ce grand homme, intelligent des nécessités de l'époque, donna son consentement.

Cependant le prince de Condé fortifiait de jour en jour son parti ; et la reine, ayant su qu'il avait fait un traité avec les Espagnols, rappela auprès d'elle le cardinal Mazarin pour se servir de ses conseils, et lui remit l'administration générale des affaires. Le rétablissement de ce ministre irrita de telle sorte le parlement de Paris, qu'il mit sa tête à prix, et que le duc d'Orléans se déclara pour le prince de Condé, dans le parti duquel entrèrent le prince de Tarente, les ducs de Beaufort, de Nemours et de Rohan, les comtes de Tavannes et de Marsin, et plusieurs autres personnes considérables, qui, ayant levé des troupes chacun de leur côté, trouvèrent moyen de faire une armée de quatorze à quinze mille hommes, qu'ils menèrent aux environs de Montargis.

Le prince de Condé ayant appris cette agréable nouvelle, partit aussitôt de Guienne pour venir joindre cette armée, avec laquelle il se proposait de défaire aisément celle du roi, qui était fort inférieure.

Le roi avait alors quitté Poitiers pour se rendre à Saumur; et le cardinal Mazarin ayant jugé à propos de mener la cour le plus près qu'il se pourrait de Paris, pour maintenir dans le devoir cette grande ville qui donne ordinairement l'impulsion au reste du royaume, il fut résolu qu'on marcherait de Saumur, où l'on était, jusqu'à Gien, en remontant la Loire, pour s'assurer des villes qui sont situées sur cette rivière. Tours, Amboise, Blois, et toutes les autres places donnèrent au roi des marques de leur obéissance; il n'y eut que la seule ville d'Orléans qui lui ferma ses portes, à la sollicitation de Mademoiselle, fille du duc d'Orléans, qui l'y avait envoyée exprès pour cela. Comme on approchait fort des quartiers de l'armée ennemie, Turenne fut chargé du soin de couvrir la marche de la cour, et de veiller à sa sûreté. Aussitôt qu'il eut reçu cet ordre, il partit avec seulement vingt-cinq personnes pour aller reconnaître l'état de Jargeau, petite ville entre Orléans et Gien, sur le pont de laquelle les ennemis auraient pu passer la Loire. Il déjoua tous leurs projets, et le roi put arriver à Gien. L'armée y ayant passé la Loire, Turenne et le maréchal d'Hocquincourt, qui commandaient chacun la moitié des troupes, allèrent se poster, le premier à Briare, et le second à Bléneau, avec l'infanterie, et répandirent la cavalerie aux environs Le lendemain, Turenne étant allé dîner à Bléneau chez le maréchal d'Hocquincourt, et ayant vu par occasion la disposition de ses quartiers qui étaient extrêmement éloignés les uns des autres, il lui dit « qu'il ne pouvait s'empêcher de lui témoigner qu'il le trouvait bien exposé, et qu'il lui conseillait de resserrer ses quartiers. » A quoi le maréchal d'Hocquincourt répondit « qu'il n'y avait rien à craindre, et qu'en faisant une bonne garde on remédierait à tout. » Turenne n'ayant répliqué rien autre chose, sinon « qu'il ne présumait pas assez de lui-même pour donner des avis, » il s'en retourna à son poste de Briare ; et la nuit suivante on vint lui dire que le prince de Condé, qui était alors à la tête de l'armée ennemie, ayant forcé la garde avancée du maréchal d'Hocquincourt, avait pénétré jusqu'aux quartiers qui en étaient les plus éloignés. A cette nouvelle, Turenne, prenant l'infanterie qu'il avait auprès de lui, résolut d'aller

promptement au secours du maréchal d'Hocquincourt, disant qu'il fallait vaincre ou périr (1652).

Le prince de Condé avait quatorze mille
hommes, Turenne n'en avait que trois mille
cinq cents. Néanmoins, ayant fait ses réflexions
sur le succès de son dessein, par rapport à la
situation des lieux, il envoya le sieur Pertuis
dire au cardinal Mazarin que le roi pouvait
demeurer à Gien en assurance.

D'autre part, le prince de Condé, qui venait de
défaire le maréchal d'Hocquincourt, ne croyant
pas que Turenne osât l'attendre, s'avançait
vers Gien à dessein d'y envelopper le roi et
toute la cour; mais il fut bien surpris lorsque,
étant arrivé au bout de la chaussée opposé
à celui où était Turenne, il le vit arrêté là, de
manière qu'il semblait vouloir lui disputer le
passage. Turenne, voulant l'engager à entrer
dans la plaine en passant par la chaussée, sans
lui laisser le temps d'examiner s'il ne pouvait
point aller d'une manière plus sûre par un autre
endroit, leva tout d'un coup son camp, et repre-
nant le chemin de Gien, il fit marcher ses
troupes avec la même vitesse que s'il avait pris la
fuite.

Le prince de Condé, persuadé qu'il se sauvait
à Gien, enfila aussitôt la chaussée pour le pour-

suivre. Mais Turenne, ayant prévu ce mouvement, avait fait pointer son canon droit à la chaussée, si bien que le canon emportant des files entières de ceux qui la passaient, elle fut bientôt toute couverte de morts.

Cependant la cour était dans de grandes inquiétudes touchant le succès de cette journée, lorsqu'on apprit que le prince de Condé, ayant manqué son coup, s'était retiré avec son armée et que Turenne revenait à Gien, sans avoir perdu un seul homme.

Le prince de Condé se plaignait fort du malheur qui lui avait justement fait trouver en son chemin le seul homme du monde qui le pouvait empêcher de mettre fin à la guerre ce jour-là; et laissant son armée sous les ordres du comte de Tavannes, il s'en alla à Paris pour y rassurer ses partisans, qui étaient fort ébranlés de ces deux grands coups par lesquels Turenne venait de donner tant de réputation aux armes du roi.

La faute du maréchal d'Hocquincourt ayant été si glorieusement réparée, le roi continua sa route vers Paris, le long de la rivière d'Yonne. Le comte de Tavannes se mit aussitôt en campagne pour surprendre la cour en quelque endroit; mais Turenne et le maréchal d'Hocquincourt, qui couvraient la marche, laissant Montargis et l'armée du prince de Condé sur leur gauche, firent passer le roi à Auxerre et à Sens, pour gagner Melun, et ils arrivèrent à la Ferté-Alais avant les ennemis; ils assurèrent par là Melun et Corbeil au roi, qui se rendit à Saint-Germain-en-Laye; et ayant de cette sorte couvert sa marche l'espace de près de quatre-vingts lieues, ils vinrent se camper à Chartres, entre l'armée du prince de Condé et Paris, ôtant ainsi au comte de Tavannes toute communication avec cette grande ville, de laquelle il tirait ses recrues et toutes les autres choses dont il pouvait avoir besoin.

Le comte de Tavannes, n'ayant plus de fourrages à Montargis, s'alla enfermer avec son armée dans Etampes, où l'on avait retiré toute la récolte de la Beauce, province très-fertile en blés; et quelques jours après, Mademoiselle y étant venue, pour s'en retourner de là à Paris, et ayant envoyé demander un passeport à Turenne, le général les fit attendre jusqu'au lendemain; de sorte que Mademoiselle fut obligée de rester deux jours à Etampes. Turenne et le maréchal d'Hocquincourt marchèrent toute la nuit avec leurs troupes vers Etampes, pour voir s'ils ne pourraient point entreprendre quelque chose contre l'armée lorsqu'elle ferait son fourrage.

Les premiers prisonniers qu'ils firent en approchant leur apprirent que le comte de Tavannes avait rangé son armée en bataille sur le chemin par où devait passer Mademoiselle. Turenne et le maréchal d'Hocquincourt s'avancèrent avec tant de dilligence que le comte de Tavannes n'eut pas le temps de faire rentrer toute son armée dans la ville lorsqu'il les eut aperçus; si bien qu'ils lui taillèrent en pièces deux mille hommes dans le faubourg. Trois jours après le succès de cette affaire, dont Turenne seul avait conçu le dessein, le maréchal d'Hocquincourt étant allé dans son gouvernement de Péronne, toute l'armée du roi demeura sous les ordres de Turenne. Ce général, alors maître d'entreprendre ce qu'il jugerait à propos, voyant que toutes les forces du prince de Condé et de ses partisans, en-deçà la Loire, étaient réduites à ce qui leur restait de troupes dans Etampes, et qu'en les dissipant il mettrait fin à la guerre civile, résolut d'aller assiéger cette ville, ou plutôt l'armée qui était dedans. Il continuait à battre la ville d'Etampes, au siége de laquelle le duc d'York, qui depuis fut roi de la Grande-Bretagne, vint le trouver, pour apprendre sous lui le métier de la guerre, lorsque le cardinal Mazarin lui fit savoir par un courrier que sitôt que le duc de Lorraine était arrivé à Paris, il s'était déclaré pour le prince de Condé ; que son armée était au-dessus de Charenton, entre la Seine et la Marne, et qu'il faisait remonter de Paris un grand nombre de bateaux, à dessein de faire un pont. A cette nouvelle, Turenne leva le siége d'Etampes, et ayant gagné le derrière du camp des ennemis, à la pointe du jour il se disposa à les attaquer, quoiqu'il eût trois mille hommes de moins qu'eux. Le duc de Lorraine, qui ne subsistait plus que par le moyen de ses troupes, ne voulant pas les exposer au sort d'une bataille, lui envoya demander quartier. Turenne, qui savait que l'armée d'Etampes venait joindre les Lorrains, et qui craignait qu'elle ne parût à tous moments, demanda au duc de Lorraine qu'il lui livrât son pont sur-le-champ, et qu'il sortît de son poste à l'heure même, pour s'en retourner d'où il était venu. Le duc, qui vit bien qu'il allait charger, livra son pont, qui fut aussitôt rompu, et donna des otages pour assurance qu'il sortirait du royaume à jours comptés, et par la route qui lui serait prescrite. L'armée d'Etampes, qui arriva alors de l'autre côté de la Seine, voyant le pont rompu et le duc de Lorraine parti, se retira à Villejuif, où le prince de Condé était venu en prendre le commandement; il la mena à Saint-Cloud, la fit camper le long de la rivière, jusqu'à Suresne, puis s'étant assuré du pont de Saint-Cloud, il crut n'avoir rien à craindre dans ce poste, quoiqu'il n'eût plus que cinq mille hommes.

D'autre part, Turenne persistait dans le dessein qu'il avait formé de dissiper ce reste de troupes pour mettre fin à la guerre; et voyant que, de quelque côté qu'il marchât au prince de Condé, ce prince pouvait toujours mettre la Seine entre son armée et celle du roi, en faisant rompre le pont de Saint-Cloud, et éviter le combat, il engagea le cardinal Mazarin à faire venir de Lorraine le maréchal de La Ferté avec le corps qu'il commandait, afin d'avoir assez de troupes pour aller attaquer les ennemis par devant et par derrière en même temps; ce qu'il ne pouvait faire avec son armée, qui, par les pertes qu'i avait faites à Etampes, n'était plus que de six mille hommes. En attendant ce renfort, il alla prendre la cour à Melun, où elle était alors; il passa la Marne à Lagny, et la mena à Saint-Denis, où son armée se rendit aussitôt. De là, entrant dans Paris, le prince de Condé et lui engagèrent le combat dans le faubourg Saint-Antoine. Jamais deux généraux n'en vinrent aux prises de plus près que firent là ces deux grands hommes. Ils se mêlèrent, l'épée à la main, à toutes les charges qui furent faites. Ils se trouvèrent partout au milieu du feu et des armes. Ils combattirent souvent l'un contre l'autre à la portée du pistolet, et ils étaient tous deux tout couverts de sang. Les autres attaques se firent et furent soutenues avec la même vigueur. La confusion fut si grande en quelques endroits que deux escadrons du prince de Condé, se prenant pour ennemis, se chargèrent l'un l'autre, pendant que ceux de Turenne donnaient également sur tous les deux. Enfin Turenne, après avoir bien des fois avancé et reculé dans la grande rue, voyant qu'il ne pouvait venir à bout de forcer ce gros de gens de qualité et de braves qui étaient autour du prince de Condé, affaiblit adroitement son attaque pour fortifier celle du comte de Navailles, qui combattait à sa gauche dans la rue de Charenton, de sorte que le comte de Navailles, ayant forcé les barricades et les traverses, se voyait maître de toute la rue, et allait prendre le prince de Condé par derrière pour l'envelopper, si ce prince, averti qu'il allait être coupé, n'eût promptement gagné sa place d'armes. Les troupes du prince de Condé, rebutées de tant d'attaques, refusèrent d'avancer, et ne lui voulurent plus obéir. Le canon de Turenne étant arrivé dans ce moment, il le fit pointer à la tête de chaque rue, où personne n'osa plus paraître : et toute l'armée du prince de Condé s'étant massée contre la porte de la ville et dans la place qui est au-devant, Turenne fit avancer son canon, et allait faire un carnage épouvantable de toutes ces troupes ainsi serrées et ramassées, lorsque les Parisiens, qui jusque-là étaient demeurés spectateurs neutres entre les deux partis, voyant l'extrémité où était réduit le prince de Condé, se déclarèrent en sa faveur et lui ouvrirent les portes de la ville. Le maréchal de La Ferté, qui arriva alors, ayant joint le corps qu'il commandait aux troupes de Turenne, ce prince allait suivre les ennemis jusque dans la ville, où ils se sauvaient avec beaucoup de désordre; mais Mademoiselle s'étant fait ouvrir la Bastille, et en ayant fait tirer le canon sur l'armée du roi, Turenne fut obligé de se retirer.

Le prince de Condé ayant passé au travers de Paris avec son armée, la mena au-delà du faubourg Saint-Victor, vers la Salpêtrière, entre la Seine et la rivière de Bièvre ou des Gobelins; et s'étant retranché entre ces deux rivières, de telle sorte qu'on ne pouvait ni le forcer ni affamer son armée, qui avait derrière elle Paris d'où elle tirait abondamment toutes sortes de subsistances, il écrivit à l'archiduc Léopold, pour lui représenter qu'il n'était plus en état de tenir la campagne; et que s'il ne lui envoyait de plus puissants secours que par le passé, il ne pourrait pas résister à l'armée du roi. L'archiduc, craignant que le prince de Condé n'abandonnât le parti s'il ne lui accordait tout ce qu'il demandait, lui envoya aussitôt son armée de Flandre, sous les ordres de Fuensaldaigne, et engagea en même temps le duc de Lorraine, qui était demeuré sur les frontières, à marcher avec ses troupes. Ces deux armées faisaient plus de vingt mille combattants : elles avaient ordre de joindre le prince de Condé, et d'aller ensuite accabler l'armée du roi, qui n'était que de huit mille hommes.

Mazarin n'eut pas plutôt appris ce dessein, qu'il crut que tout était perdu. Il voulut traiter avec le prince du Condé : mais ce prince, qui, à l'approche de tant de troupes, se flattait d'être bientôt en état de lui faire la loi, n'écouta ses propositions que pour gagner du temps, en le leurrant d'un accommodement. On envoya à Rouen, pour savoir si on voudrait recevoir la cour. Mais les Normands, de qui le cardinal

Mazarin n'était pas plus aimé que des Parisiens, refusèrent de donner retraite au roi, tant que le cardinal serait auprès de lui. On chercha un autre asile en Bourgogne; mais ce fut sans succès. Le cardinal Mazarin, rejeté de tous côtés, avait enfin résolu de mener le roi à Lyon, et il se disposait déjà à partir pour y aller avec toute la cour, lorsque Turenne lui fit, pour ainsi dire, toucher au doigt et à l'œil que, si on s'éloignait si fort de Paris, les Espagnols en seraient bientôt les maîtres: et que de se retirer à Lyon, c'était leur abandonner tout ce qui était depuis cette ville jusqu'en Flandre. Il lui fit comprendre qu'il n'y avait rien à craindre ni du duc de Lorraine, ni du comte de Fuensaldaigne, tant qu'ils n'auraient pas joint le prince de Condé; et que, pour empêcher leur jonction, il fallait faire en sorte que l'armée du roi fût toujours entre lui et eux : si bien qu'ayant fait goûter ces raisons au cardinal Mazarin, il mena la cour à Pontoise, afin qu'elle ne fût pas si exposée aux entreprises du prince de Condé; et ayant su que les en emis étaient déjà arrivés à Chauny, petite ville sur la rivière d'Oise, il marcha sur Compiègne pour défendre le passage de la rivière d'Aisne.

Ce fut durant ce séjour de la cour à Pontoise

que le duc de Bouillon y mourut, après quator e
jours de maladie, dans le temps où on commençait à le regarder comme un homme plus capable
d'être à la tête des affaires que le cardinal
Mazarin même.

Turenne perdit dans le duc de Bouillon un
frère très-aimable, et pour qui il avait toute la
tendresse possible. Sa douleur fut vive; et ce
qui achevait de la rendre accablante pour lui,
c'est qu'il était obligé de la renfermer en lui-
même; l'Etat était alors en un si grand danger
que, s'il avait paru la moindre altération sur son
visage, on aurait cru les affaires du roi entièrement ruinées. Jamais la cour ne s'était vue si
embarrassée; le roi avait encore une fois éloigné
le cardinal Mazarin, pour faire cesser le prétexte
de la guerre civile; mais les ennemis n'en avaient
que plus d'audace, regardant l'éloignement de ce
cardinal comme un effet de la faiblesse du conseil, qui cédait à la nécessité où ils avaient su
le réduire. Le parlement avait déclaré le duc
d'Orléans lieutenant-général du royaume, et le
prince de Condé généralissime des armées de
la couronne. Les ministres tremblants faisaient
des offres excessives à ce prince, qui, se regardant déjà comme l'arbitre de tout, rejetait bien
loin tous les projets d'accommodement qu'on

lui proposait, quelque avantageux qu'ils fussent :
et jamais il n'avait conçu de si hautes espérances;
lorsque Turenne ordonna à son avant-garde
d'escarmoucher de temps en temps, pour faire
croire qu'il voulait en venir aux mains. Il fit
faire plusieurs ponts sur la rivière d'Yères, et
il fit défiler son armée si secrètement pendant
une nuit, que, avant que les ennemis s'aper-
çussent d'aucun mouvement, il était déjà ar ivé
à Corbeil avec son armée et ses bagages. Cette
retraite le combla de gloire et couvrit de confusion les ennemis.

Peu de jours après, le duc de Lorraine s'en
retourna en Flandre, et le prince de Condé se
retira parmi les Espagnols. Les affaires ayant
changé de face, la reine ramena le roi à Paris,
où il fut reçu au milieu des acclamations et des
applaudissemen.s du peuple; et elle y établit
l'autorité royale avec tant de hauteur, qu'au
premier ordre le duc d'Orléans se retira à
Limours, Mademoiselle à Saint-Fargeau, et tous
les officiers du parlement qui étaient suspects
aux divers endroits qui leur furent désignés pour
exil. Turenne fut toujours auprès de la personne
du roi à son entrée dans Paris; mais il ne demeura pas longtemps à la cour. Il alla se remettre à la tête de l'armée avec le maréchal de

La Ferté; il s'avança du côté de la Lorraine; et sans s'amuser à to tes les petites places où les ennemis avaient mis garnison pour l'arrêter, il marcha à eux dans le dessein de leur donner bataille. Il passa la Meuse, derrière laquelle était le prince de Condé, aux environs de Toul, et le prince de Condé se retira aussitôt à Commercy. Turenne l'y poursuivit. Le cardinal Mazarin, apprenant ses succès, rentra dans le royaume, et vint trouver Turenne, comme il assiégeait Bar-le-Duc, se flattant qu'on attribuerait à ses conseils les entreprises de ce général, et que cela le réconcilierait peut-être avec le peuple, dont il était si prodigieusement haï. Le siége de Bar-le-Duc ne dura que sept jours, et après la prise de cette ville, Turenne marcha à Château-Porcien, dont il se rendit maître en six jours. Il est vrai que le prince de Condé avait pris Vervins durant le siége de cette dernière place; mais Turenne, ne voulant pas laisser aux ennemis aucun poste en Picardie, mena son armée à Vervins, et cette place ne tint que douze heures, quoique la garnison fût de seize cents hommes. Il eût bien voulu encore enlever au prince de Condé, Rethel, Moudon et Sainte-Menchould, avant que de quitter la frontière : mais le froid excessif qu'il faisait cette année avait tellement gelé la terre, qu'il fut impossible d'ouvrir la tranchée devant aucune de ces places (1653).

Il s'en retourna à Paris avec le cardinal Mazarin, qui fut aussitôt remis à la tête des affaires. Le roi donna le gouvernement du Limousin à Turenne, et le fit ministre d'Etat, afin qu'il eût entré au Temple pendant tout le temps qu'il resterait à la cour.

Ce fut sur la fin de cet hiver que Turenne épousa mademoiselle de La Force. Elle était d'une des plus grandes maisons de la Guienne, et la fille unique et héritière du duc de La Force ; mais les qualités de l'esprit et du cœur étaient en elle fort au-dessus des avantages de la naissance et de la fortune. L'année suivante, Turenne se rendit devant Arras, força les ennemis, les battit, et délivra bientôt cette ville. Dans cette glorieuse affaire, il reçut un coup de mousquet qui lui fit une contusion, et eut un cheval tué sous lui (1654).

L'heureux succès du secours d'Arras fut suivi de la prise du Quesnoi et de celle de Clermont en Argonne, par où finit la campagne.

L'année suivante, quoique l'armée des ennemis fût aussi nombreuse que la nôtre, nous ne laissâmes pas de prendre Landrecies, Condé, Saint-

Guilain, et plusieurs autres villes et châteaux des environs.

Tous ces avantages remportés avec tant de facilité sur les Espagnols portèrent Turenne, l'année suivante, à assiéger une de leurs plus importantes places. Dans cette vue, il marcha sur Valenciennes avec son armée et celle du maréchal de La Ferté, qui était alors malade.

Cependant don Juan d'Autriche, à qui le roi d'Espagne venait de donner le gouvernement des Pays-Bas, voulant signaler son arrivée en Flandre, avait ramassé toutes les milices du pays; et, les ayant jointes à son armée, ainsi que quelques renforts qu'on lui avait envoyés d'Allemagne, il était venu avec le prince de Condé se camper à Valenciennes, dans le dessein de secourir cette place.

Turenne se doutant bien que les ennemis attaqueraient les lignes au quartier du maréchal de La Ferté, parce que ce quartier était le plus exposé, lui manda, « que, s'il voulait, il lui enverrait quatre ou cinq régiments. » Mais le maréchal de La Ferté, recevant l'honnêteté de Turenne comme il aurait fait d'une injure, lui envoya dire « qu'il gardât ses troupes pour sa propre défense; qu'il aurait peut-être plus besoin de secours que lui, et qu'il offrait la moitié de son armée. » Turenne eut beaucoup de chagrin de ce que le maréchal prenait la chose de cette manière. Prévoyant le préjudice qui en pouvait arriver aux affaires du roi, il lui envoya faire encore une fois la même offre, en lui représentant le danger où il était; mais le maréchal de La Ferté ne fit que rire de ces avis et ne daigna pas même tenir hors des lignes ni gardes, ni batteurs d'estrade qui pussent l'avertir de l'approche des ennemis. Aussi, la nuit suivante, le prince de Condé et don Juan d'Autriche étant venus l'attaquer, ils arrivèrent jusque sur le bord du fossé de son premier retranchement sans avoir été découverts. Ils forcèrent la ligne, où ils ne trouvèrent presque aucune résistance, et firent prisonniers le maréchal de La Ferté, les comtes d'Estrées, de Gadagne et de Grandpré, lieutenants-généraux, plus de quatre cents officiers, et près de quatre mille soldats, ce qui fut fait en moins d'un quart-d'heure : de telle sorte que Turenne, qui, à la première alarme, avait couru au secours par-dessus la digue, fut à peine au bout qu'il vit les ennemis qui s'avançaient de ce côté-là pour le venir forcer. Il ordonna au même instant qu'on rompît la digue, et les ayant arrêtés par là, il fit promptement revenir nos gens de la tranchée, retirer le canon des batteries, charger les bagages, combler les lignes; et ayant fait défiler devant lui l'artillerie et les équipages, il alla former un camp sous le Quesnoi avec son armée pour sauver cette place.

Le prince de Condé et don Juan d'Autriche y marchèrent après lui avec leurs troupes.

Turenne, qui avait eu le temps de ramasser les débris de l'armée du maréchal de La Ferté, ayant investi la Capelle, où était le principal magasin des ennemis, le prince de Condé et don Juan d'Autriche levèrent aussitôt le siége de Saint-Guilain pour aller au secours de la Capelle, ils s'approchèrent des lignes avec leur armée, mais ils n'osèrent les attaquer, et Turenne prit la place à leur vue.

La prise de cette ville, arrivée sitôt après ce qui venait de se passer à Valenciennes, et dans un temps où la cour semblait désespérer des affaires, fut regardée en France comme un avantage très-considérable (1656).

On felicita beaucoup Turenne sur l'heureux événement de cette entreprise. On lui donna la charge de colonel-général de la cavalerie l'année suivante. On fit même plus pour lui : on lui accorda ce qu'il demandait depuis longtemps, qu'on ne le commît plus avec le maréchal de

La Ferté : de sorte que le siége de Cambrai ayant été résolu, il y fut envoyé seul. Mais le prince de Condé ayant entrepris de jeter du secours dans la place avant que nous eussions achevé nos lignes, et y étant entré lui-même avec vingt escadrons de cavalerie, on quitta ce dessein. Le maréchal de La Ferté eut ordre d'aller faire le siége de Montmédy dans le Luxembourg, et Turenne de tenir la campagne pour s'opposer à ce que les ennemis pourraient entreprendre. Le prince de Condé et don Juan d'Autriche firent diverses marches et contre-marches pour s'approcher de la place et y jeter du secours. Ils firent mine de vouloir assiéger la plupart des villes qui étaient aux environs, pour nous faire abandonner notre entreprise. Mais ils ne purent faire prendre le change à Turenne. Il se présenta avec son armée partout où ils essayèrent d'aborder les lignes, et ils n'osèrent jamais l'attaquer. Il rompit toutes leurs mesures, il prévint tous leurs desseins ; et malgré leurs stratagèmes et leurs efforts, la place fut enfin emportée par le maréchal de La Ferté.

Après la prise de Montmédy, Turenne alla assiéger Saint-Venant, ville située sur la Lys, dans le comté d'Artois, puis fit lever le siége que le prince de Condé et don Juan d'Autriche avaient commencé devant Ardres. Ces deux princes repoussés, allèrent du côté de Bourbourg, et se retranchèrent entre les rivières de l'Aa et de la Colme.

Turenne les y suivit, et les força de se retirer avec leur armée sous le canon de Dunkerque. Il se rendit maître de Mardick.

Cependant il y avait déjà un an que le cardinal Mazarin et Cromwell, protecteur de la nouvelle république d'Angleterre, avaient fait un traité qui portait que les Français et les Anglais attaqueraient, à frais communs, les villes de Dunkerque et de Gravelines ; que la première de ces places serait pour l'Angleterre, et que l'autre resterait à la France. Comme Cromwell demandait l'exécution de ce traité d'un ton qui faisait appréhender qu'il ne rompît avec nous si on n'assiégeait au plus tôt Dunkerque. Turenne eut ordre d'avancer de ce côté-là, pour voir ce qui s'y pourrait faire. Il n'y avait personne qui ne regardât ce siége comme une entreprise chimérique ; car attaquer Dunkerque avant que d'avoir pris Furnes, Bergues et Gravelines, c'était être assiégé en faisant un siége, puisque ces villes environnent Dunkerque. L'attaquer au mois de moi, il n'y avait point encore de fourrage sur la terre ; attendre plus tard, c'était donner le temps aux Espagnols de venir en corps d'armée défendre les abords de cette place, qui sont très-marécageux et tout entrecoupés de canaux, et par conséquent hasarder une bataille dans un terrain très-favorable pour les ennemis, et fort désavantageux pour nous. Néanmoins, comme les Espagnols faisaient de très-grandes offres à Cromwell pour l'engager à se joindre à eux, et qu'il s'agissait de conserver ou de perdre une alliance si importante, Turenne résolut de tenter cette entreprise, quelque impossible qu'elle parût à tout le monde.

Les difficultés auraient pu rebuter tout autre que Turenne; mais il ne désespéra pas de les surmonter.

Cromwell, en exécution du traité, envoya de son côté une armée navale pour seconder nos efforts, et empêcher qu'on ne portât par mer du secours dans la place.

Tous les préparatifs étant finis, et six mille Anglais s'étant joints à notre armée, sous les ordres de lord Lockart, on distribua les postes aux officiers-généraux; on fit plusieurs ponts sur les canaux pour la communication des quartiers. Turenne fit ouvrir la tranchée, et le cardinal Mazarin amena le roi avec toute la cour au spectacle de cette grande entreprise. On fit d'abord deux attaques, à l'une desquelles on employa les Français, et à l'autre les Anglais. Turenne ne se coucha point les premières nuits, pour mieux disposer toutes choses par lui-même, et ses neveux, le duc de Bouillon et le comte d'Auvergne, qu'il avait amenés cette année-là en campagne avec lui, le suivirent partout.

Les Espagnols n'eurent pas plus tôt appris que Dunkerque était investi qu'ils résolurent de secourir cette place, à quelque prix que ce fût : ils levèrent, dans ce but, la plus nombreuse armée qu'ils eussent encore eue sur pied. Le prince de Condé et don Juan d'Autriche, à la tête de cette armée, qui s'était assemblée aux environs de Nieuwport, s'avancèrent vers Dunkerque; et le maréchal d'Hocquincourt, qui s'était jeté depuis peu dans leur parti, s'étant approché trop près de nous, en nous venant reconnaître, fut tué d'un coup de mousquet par quelques soldats avancés.

Dès que Turenne sut que les ennemis venaient à nous, il marcha promptement devant Dunkerque (1658).

Les deux armées n'étant éloignées que d'un quart de lieue l'une de l'autre, Turenne commença à faire canonner celle des ennemis. Il fit avancer son armée, et bientôt ils furent réduits à chercher leur salut dans la fuite.

Les Lorrains font alors prisonniers ceux qui veulent se rendre; les Anglais font main-basse sur tout, et ne veulent faire quartier à personne. Presque tous les officiers de l'armée du prince de Condé avaient été pris; mais le Français, né humain et généreux, les laissa aller pour la plupart. On poursuivit les ennemis jusqu'aux portes de la ville de Furnes, derrière laquelle ils se retirèrent. On fit plus de quatre mille prisonniers; on mit leur cavalerie en déroute : la meilleure partie de l'infanterie fut défaite, et toute leur armée, tellement dissipée et détruite, qu'à peine purent-ils mettre six mille hommes ensemble pendant le reste de la campagne. De notre côté, nous n'y eûmes que très-peu de so'dats tués ou blessés. Turenne ne poursuivit pas l'armée espagnole plus loin.

Pour conserver à la postérité la mémoire de cette importante conquête, et celle de la victoire des Dunes, qui l'avait précédée, on frappa deux médailles qui représentent : la première, une Victoire qui, le caducée en main, marchait sur les ennemis terrassés. Ces mots de la légende : *Victoria pacifera*, signifient : *la Victoire apportant la paix*. Ceux de l'exergue : *Hispanis cæsis ad Dunkercam. MDCLVIII. Les Espagnols défaits près de Dunkerque* (1658).

La seconde représente une autre Victoire qui tient un bouclier où sont les armes de la ville de Dunkerque. La légende, *Dunkerca iterum capta,* signifie : *Dunkerque prise pour la seconde fois.* A l'exergue est la date de 1658.

Turenne, qui avait suspendu l'exécution de ses desseins à cause de la maladie du roi, en poursuivit le cours sitôt qu'il reçut la nouvelle de sa convalescence. Depuis la reddition de Dunkerque, Turenne s'était rendu maître, en moins de huit jours, du fort de Linck, et des villes de Bergues, de Furnes et de Dixmunde. Après cela il favorisa la prise de Gravelines, en couvrant l'armée qui en faisait le siége. De Gravelines, il va passer la Lys à Deynse; il se saisit du château de Grave sur l'Escaut; il marche à Oudenarde, trouve en chemin le comte de Chamilly, à qui le prince de Condé avait donné ordre de se jeter dedans avec trois régiments, enlève ce comte et la moitié de ses troupes, et se rend maître de la ville.

Après la prise d'Oudenarde, Turenne marche à Menin, pour passer la Lys et assiéger Ypres; et ayant rencontré sur sa route le prince de Ligne, qui conduisait trois mille hommes à

Tournay, il les attaque, et il en fait deux mille cinq cents prisonniers. Il force les habitants de Menin à laisser passer son armée sur le pont; il enlève outre cela un régiment de dragons que don Juan d'Autriche envoyait dans Ypres, et réduit cette grande ville à capituler en cinq jours de siége; après quoi il prend encore Gomines, Gramont et Ninove; et maître de tout le pays qui est entre l'Yper, la Lys et l'Escaut, il envoie des partis jusqu'aux portes de Bruxelles, où le prince de Condé et don Juan d'Autriche avaient été obligés de se retirer.

Cette rapidité de victoires fit trembler l'Espagne pour la perte des Pays-Bas. Les Espagnols se déterminèrent à demander la paix, et on leur accorda aussitôt une suspension d'armes, jusqu'à ce qu'on eût réglé les articles du traité de paix et du contrat de mariage avec l'infante, articles qui furent enfin arrêtés et signés au pied des Pyrénées, sur les confins des deux royaumes; et ce fut par cette célèbre alliance que finit une guerre qui durait depuis vingt-cinq ans.

Le roi, voulant récompenser Turenne des services qu'il lui avait rendus pendant le cours de cette guerre, lui donna la charge de maréchal-général de ses camps et armées. Le cardinal Mazarin lui fit même entendre qu'il ne tenait qu'à lui qu'il ne fût élevé à une plus haute dignité ; que la charge de connétable, qui était la première du royaume, avait, à la vérité, été supprimée à cause de la trop grande puissance qui y était attachée : que néanmoins le roi la rétablirait en sa faveur, si lui-même n'y mettait un obstacle par la religion qu'il professait. Mais Turenne n'était pas d'un caractère à se laisser tenter par l'attrait des honneurs, quand il s'agissait de religion. L'offre de la première charge de la couronne ne fut pas capable de lui faire quitter la religion calviniste, tant qu'il put la croire la seule vraie, comme nulle considération ne put l'y retenir quand il fut persuadé du contraire, ainsi que nous le verrons dans la suite de son histoire.

Les intervalles de la guerre font ordinairement de grands vides dans l'histoire des généraux d'armée qui, tirant pour la plupart toute leur élévation du commandement des troupes à la tête desquelles ils sont, se trouvent au niveau des autres hommes durant le temps de paix. Il n'en est pas de même des grands hommes : ils impriment jusque dans leurs moindres actions, je ne sais en quelque manière, ce qui les rend dignes d'être proposés pour modèles à tous les siècles à venir.

Tel fut Turenne. Quand il n'aurait jamais donné ni batailles ni combats, il n'aurait pas laissé de s'acquérir une très-grande réputation par le seul mérite de ses vertus civiles ; et quelque avantage qu'on puisse retirer de ses actions publiques, comme il n'est pas moins important de connaître le caractère de sa vie privée ; je crois qu'il est à propos d'en dire ici quelque chose.

Il eut toujours pour les vérités fondamentales du christianisme un attachement à l'épreuve de ses propres passions et des mauvais exemples d'autrui. Il ne pouvait souffrir l'impiété des sentiments ni les mauvaises mœurs, et personne n'avait plus d'aversion que lui pour les gens qui menaient une vie scandaleuse. Il y avait près de cinquante ans qu'il était dans la religion calviniste, croyant que c'était la véritable religion ; mais enfin il commença à douter. Il ne s'en ouvrit néanmoins à personne, et il tâcha seulement de s'éclaircir lui-même de ces difficultés par la lecture des livres catholiques. Cette lecture augmenta ses doutes, et lui fit entrevoir les erreurs dans lesquelles il se trouvait engagé par le malheur de sa naissance ; et dès-lors la religion calviniste lui devint suspecte. Il avait de la révérence pour les choses saintes ;

tout ce qui portait quelque caractère de religion lui était sacré ; il respectait nos églises, nos mystères, et jusqu'à nos cérémonies. Aussi était-il en vénération aux catholiques mêmes, ce qui n'est arrivé qu'à bien peu d'autres calvinistes.

Quant à ce qui regarde la société civile, jamais homme ne fut d'un commerce plus aisé, parlant des petites choses comme s'il eût ignoré les grandes, et cela avec les personnes de la moindre condition, sans jamais se prévaloir de la supériorité de son rang ni de celle de son esprit. Il s'accommodait avec tant de complaisance au caractère et à l'humeur de tout le monde, qu'on était souvent étonné qu'avec de si grandes qualités pour la guerre, il fût encore le plus poli et le plus aimable homme de son temps. Tout était vrai et sincère en lui, sentiments, mœurs, manières. Ennemi déclaré des flatteurs, qui que ce soit n'eût osé le louer. Il marchait le plus souvent sans équipage et sans domestiques, se mêlant dans la foule comme un homme du commun ; mais il avait beau se confondre, sa réputation se faisait partout reconnaître : le peuple, au milieu duquel il se mêlait avec tant de modestie, ne laissait pas de le regarder comme un des plus grands ornements du siècle. Chacun s'empressait pour le voir. Ceux qui le connaissaient le montraient des yeux et du geste à ceux qui ne le connaissaient pas. Les étrangers qui venaient en France s'en retournaient satisfaits quand ils l'avaient vu, et souvent nos ennemis mêmes enchérissaient sur nous, quand on se mettait à faire le dénombrement de ses exploits, ou à rappeler la mémoire de ses vertus.

Réduit à quelque chose de plus particulier encore, et renfermé pour ainsi dire dans les bornes de sa maison, il n'y était pas moins admirable qu'à la guerre et dans la société. C'est là qu'il paraissait véritablement grand par sa seule sagesse. C'était le plus parfait époux et le meilleur maître qui fût jamais. Toutes ses lettres à la vicomtesse de Turenne sa femme sont pleines de politesse qui vont quelquefois jusqu'au respect : on n'y saurait voir sans surprise l'attention qu'il avait pour elle au milieu de tant de grandes affaires dont il était chargé.

Pour ce qui est de ses domestiques, il voulait absolument que chacun fît son devoir; mais quand ils étaient sages, ils étaient sûrs de sa protection pour eux et pour leur famille. S'ils avaient une affaire, il en faisait la sienne et la sollicitait en personne, sans vouloir toutefois que son crédit fît tort à qui que ce soit. Aussi sa maison était-elle remplie d'honnêtes gens, et il n'y avait pas un de ses domestiques qui n'eût de la probité et de l'honneur, soit que ceux qu'il choisissait fussent tels par eux-mêmes, ou qu'il communiquât quelque chose de son caractère à tous ceux qui l'approchaient.

Quant au goût qu'il pouvait avoir pour la littérature, il estimait les gens de lettres, et il les attirait chez lui. Il aimait l'histoire, et il en savait faire son profit. Il n'ignorait rien de ce qu'un prince doit savoir, et ne s'amusait pas à apprendre ce qu'il doit ignorer. La conversation des gens de bon sens, et la lecture des livres solides, occupèrent une partie de ses loisirs pendant les six ou sept années qui suivirent le traité des Pyrénées. Mais ces occupations tranquilles n'empêchaient pas qu'il ne prît part aux affaires publiques durant ce temps-là.

Toute l'Europe avait alors les yeux tournés sur le Portugal. Les Espagnols s'étaient emparés de ce royaume en 1580. Soixante ans après, c'est-à-dire en 1640, les Portugais, voyant toutes les forces des Espagnols occupées à résister à la France, avaient secoué le joug de l'Espagne, et proclamé roi le duc de Bragance, qui s'était aisément maintenu sur le trône tant que les Espagnols avaient été engagés dans une aussi grande guerre que celle qu'ils avaient soutenue contre nous. Mais cette guerre étant finie en 1660, comme nous l'avons dit, les Espagnols firent marcher toutes leurs troupes du côté du Portugal, pour se ressaisir au plus tôt de ce royaume. Don Juan d'Autriche était à la tête de l'armée, et avait avec lui toutes les vieilles troupes qu'il avait amenées de Flandre, avec d'anciens officiers très-expérimentés. Les Portugais, sans généraux et sans alliés, n'avaient que très-peu de troupes pour soutenir une si grande guerre, et tout le monde était étonné de la triste situation où ils se trouvaient (1660).

Turenne, sachant combien il importait à la France d'empêcher que les Espagnols ne se rendissent maîtres du royaume de Portugal, entreprit de le défendre en son nom contre les efforts de l'Espagne. Pour concerter les moyens d'exécuter cette entreprise, il fallait nécessairement qu'il conférât avec le comte de Soure, ambassadeur du roi de Portugal en France, et que cela se fît si secrètement que les Espagnols n'en eussent aucune connaissance, puisque, par le traité des Pyrénées, nous nous étions engagés à abandonner absolument les Portugais. Turenne confia le secret de cette affaire à son neveu le duc d'Albret, si célèbre depuis sous le nom de cardinal de Bouillon, doyen du sacré collége, lequel n'avait encore que dix-neuf ans, mais que Turenne jugeait digne, quoique jeune, d'une telle confiance.

Turenne engagea, outre cela, le roi d'Angleterre, qui venait d'être rétabli, à épouser l'infante de Portugal, et à envoyer un corps de troupes ou secours de ce royaume. Il contribua beaucoup à le déterminer à nous vendre la ville de Dunkerque, pour avoir de quoi fournir à l'entretien de ses troupes, et il fit passer un grand nombre de soldats et officiers français en Angleterre, d'où on les transporta en Portugal, pour y servir sous les ordres du comte de Schomberg. Lorsque ce général y fut arrivé, il informa encore mieux Turenne des besoins et des ressources de ce royaume, et se servant à propos des secours que lui procurait ce prince, et des avis qu'il lui donnait, il battit en diverses rencontres les Espagnols, et soutint la guerre avec honneur et avec avantage, jusqu'au temps où le roi d'Espagne fit le traité de paix par lequel il laissait le royaume de Portugal à la maison de Bragance. Les Portugais voulant témoigner leur reconnaissance à Turenne, il fut résolu, dans le conseil d'Etat, que le marquis de Sande serait envoyé en France, non-seulement avec un plein pouvoir de traiter du mariage d'une des nièces de Turenne avec l'infant don Pedro, qui dans la suite a été roi de Portugal, mais encore avec un ordre exprès de conclure ce mariage, selon la teneur du décret du conseil d'Etat; et la chose fut si avancée que les articles du contrat furent signés. Néanmoins ce mariage ne s'étant pas fait, la nièce de Turenne épousa le duc Maximilien de Bavière, frère de l'électeur de ce nom.

Cependant les affaires du Portugal n'occupaient pas tellement Turenne qu'il ne donnât en même temps ses soins à celles de la France.

La mort enleva la vicomtesse de Turenne. Du caractère dont il était, il était aisé de juger combien il fut vivement touché de sa perte. La tendresse infinie qu'il avait pour elle fut la mesure de sa douleur : tout ce qu'on put lui dire pour le consoler fut inutile; il la regretta pendant toute sa vie. Comme il n'avait point d'enfant, il fallut qu'il rendît sa dot au duc de La Force. Il voulait lui rendre plus qu'il n'avait reçu. Le duc de La Force, de son côté, en voulait moins qu'il ne lui appartenait; et ce combat de générosité, dont il y a si peu d'exemples, dura longtemps entre l'un et l'autre.

Ce fut dans ce temps-là que le roi, ne pouvant tirer aucune raison des Espagnols au sujet de quelques provinces des Pays-Bas, qu'il prétendait appartenir à la reine par le droit de *dévolution*, résolut de porter la guerre en Flandre. Le cardinal Mazarin était mort, et le roi gouvernait par lui-même. Ayant donc proposé son dessein à Turenne, il lui dit qu'il se reposait entièrement de l'exécution sur ses soins ; mais que cependant il voulait aller dans les Pays-Bas en personne, pour apprendre de lui le métier de la guerre. Turenne, ravi de cette noble inclination, donna ordre à toutes les troupes de marcher du côté de la Flandre ; et sitôt qu'elles furent assemblées sur la frontière, le roi s'y étant rendu, il fut résolu que le gros de l'armée attaquerait la Flandre par le milieu, et qu'on aurait deux camps volants sur les ailes : l'un dans le Luxembourg, sous les ordres du marquis de Créqui, pour veiller sur les Allemands, et l'autre sur la mer, sous le commandement du maréchal d'Aumont, pour attaquer quelques places de ce côté-là. Le duc de Noailles fut aussi envoyé dans son gouvernement du Roussillon avec quelques régiments, pour avoir soin de cette province ; et la répartition des troupes ayant été faite selon les différents endroits, la grande

armée eut ordre de marcher à Charleroi, sur
la Sambre. A son approche, le marquis de
Castel-Rodrigo, gouverneur des Pays-Bas, fit
sauter les fortifications de la place et l'abandonna. On rétablit très-promptement ces fortifications; on s'empara de Binche et d'Ath,
villes situées entre la Sambre et l'Escaut; on
défit sept à huit cents hommes qui voulaient
se jeter dans Tournai, ville de très-grande
réputation, et qui ne tint pourtant que deux
jours devant notre armée. On marcha à Douai,
sur la rivière de Scarpe : on prit cette ville
et son fort en trois jours, et Oudenarde sur
l'Escaut en vingt-quatre heures; après quoi
on se saisit d'Alost sur la Dendre, et on alla
assiéger Lille, ancienne capitale de la Flandre
française, qui fut réduite à capituler en neuf
jours de tranchée ouverte. Cependant le maréchal d'Aumont, de son côté, prit Bergues, Furnes,
le fort Saint-François, Armentière et Courtrai;
si bien qu'on se rendit maitre de treize places
en moins de quatre mois. Le roi, se voyant
maître de la campagne, établit des contribu-
tions jusqu'aux portes des plus grandes villes;
il força les petites places à demander la neutralité, pourvut à la sûreté de celles dont il
s'était rendu le maître, et fit observer la disci-

pline la plus exacte à ses troupes dans tout le pays nouvellement conquis, afin de gagner par là le cœur des peuples, et les faire revenir de l'aversion que les Flamands avaient eue jusque-là pour la domination française.

Cependant les Espagnols appréhendèrent encore une fois de perdre tous les Pays-Bas; ils offrirent de terminer par un accommodement les contestations qui faisaient le sujet de la guerre. On accepta. La ville impériale d'Aix-la-Chapelle fut choisie pour le lieu où se tiendraient les conférences; mais de peur que les négociations ne tirassent en longueur du côté de l'Espagne, le roi en personne, suivi du prince Condé, alla attaquer la Franche-Comté, quoiqu'on fût au plus fort de l'hiver; et on se rendit maître de cette province en dix jours. La rapidité de nos conquêtes augmenta les alarmes des Espagnols; ils demandèrent avec empressement la paix, laquelle fut enfin conclue par un traité qui portait que, en rendant la Franche-Comté aux Espagnols, nous demeurerions maîtres de toutes les places que nous avions prises sur eux en Flandre.

Les occupations de la guerre n'avaient point empêché Turenne de continuer à chercher, dans les livres catholiques l'éclaircissement des dout s qui lui étaient venus au sujet de la religion calviniste. La paix, durant laquelle il était bien moins occupé, lui fut encore plus favorable pour s'en éclaircir. Il sentit enfin le faible du calvinisme, et, pressé par sa conscience, il fit connaître son état à quelques évêques de ses amis : il s'ouvrit encore davantage au duc d'Albret, qui, par des lumières supérieures, leva jusqu'aux moindres doutes qui lui faisaient quelque peine. Alors, convaincu qu'il était hors de la véritable Eglise, quoiqu'il fût regardé parmi les calviniste, comme un des protecteurs de leur secte, il l'abandonna. Il alla faire son abjuration entre les mains de l'archevêque de Paris, et il ne l'avertit de son dessein que la veille du jour où il devait la faire, voulant éviter l'ostentation qui accompagne ordinairement ces sortes de cérémonies, quand elles viennent à la connaissance du public. Le pape lui écrivit un bref pour le félic ter de sa conversion, qui réjouit tous les catholiques, à mesure que la nouvelle s'en répandit dans la chrétienté.

Cependant Turenne, persuadé que sa conduite et ses actions devaient désormais répondre à la sainteté de la religion qu'il venait d'embrasser, passait presque tout son temps dans des exercices de piété et de charité qui édifiaient tout le monde : si bien qu'on pouvait le proposer pour modèle aux anciens catholiques mêmes, et que tous les calvinistes qui se réunirent depuis à l'Eglise romaine avouaient que rien n'avait tant contribué à leur conversion que l'exemple de ses vertus. Il vivait à Paris avec une si grande simplicité qu'il semblait qu'on fût, à cet égard, dans l'ancienne Rome, où l'on ne distinguait point les plus grands capitaines d'avec les moindres citoyens. Ainsi, libre de l'ambition et des autres passions qui attachent les hommes à la cour, et pénétré des grandes vérités de notre sainte religion, il avait résolu de passer sa vie dans quelque retraite, et ne s'occupait plus que de cette pensée (1668).

Turenne était dans cette pieuse disposition, lorsque le roi lui fit part du dessein qu'il avait de porter la guerre en Hollande, où il voulait aller en personne, et lui ordonna de se tenir prêt à le suivre (1672).

Bientôt nos troupes sont réunies vers Charleroi, sur la Sambre, où le roi se rendit, suivi du duc d'Orléans son frère, du prince de Condé et de Turenne. On les partagea en quatre corps. Turenne, à la tête de celui qui devait faire comme l'avant-garde, se chargea de s'avancer le premier vers les pays ennemis, et d'en ouvrir les passages. Toutes les troupes des ennemis s'étaient rassemblées sur les bords de l'Yssel; le prince d'Orange, capitaine-général des armées de la république, était à leur tête. Les Hollandais se promettaient qu'ils sauraient bien défendre le passage de ce fleuve, tout bordé de forteresses et de soldats; et c'était uniquement sur cela que l'espérance de leur salut était fondée. Néanmoins le prince d'Orange n'eut pas p us tôt appris que nous avions passé le Rhin, qu'il abandonna les retranchements de l'Yssel, jeta une partie de ses troupes dans les places qui étaient sur le bord de ce fleuve, et s'enfuit avec le reste dans le fond du pays, où il porta la consternation et l'épouvante. Turenne, voulant profiter du désordre d'une fuite si précipitée, se hâta de gagner le fleuve du Rhin, et le fit passer à la nage par une troupe de cavalerie, laquelle atteignit, au-delà d'Arnheim, les derniers escadrons de l'armée ennemie, qui prirent la fuite, et nous laissèrent leurs canons et leurs bagages. Ce ne fut après cela, qu'une suite de nouvelles conquêtes dont la rapidité étonna toute l'Europe. Le roi prit Doesbourg, le duc d'Orléans Zutphen, et Turenne les forts de Skinck, de Knotzembourg, de Woorn, de Saint-André et de Crèvecœur; et les villes de Nimègue, de Grave,

Utrecht, Voerden, Amersfort, Naerden, et plusieurs autres villes aussi considérables se soumirent au roi, ou furent forcées par ses armes. On avait déjà plus de vingt-cinq mille prisonniers : on s'était emparé de presque toutes les places fortes que les ennemis avaient sur la basse Meuse, sur le Rhin, sur le Vahal et sur l'Yssel. On s'était rendu maître de quarante de leurs villes en vingt-deux jours; de sorte que les Hollandais, résolus de mettre leur pays sous l'eau s'ils ne pouvaient autrement sauver leur liberté, voyant que nous forcions tout ce qui faisait la moindre résistance, rompirent leurs ponts, lâchèrent leurs écluses, et percèrent même en quelques endroits leurs digues pour nous arrêter par les inondations.

Le roi, ne pouvant avancer plus loin, s'en retourna à Paris avec le duc d'Orléans, après avoir fait Turenne généralissime de toutes les troupes qui restaient dans les Provinces-Unies, auquel il voulut que les maréchaux de Créqui, d'Humières et de Bellefond obéissent comme à lui-même. Ils refusèrent d'abord de le faire. Ils se repentirent aussitôt de ne l'avoir pas fait : mais le roi ne leur pardonna, et ne leur permit d'aller faire la fonction de lieutenants-généraux sous Turenne, qu'aux instances de tout le corps des maréchaux de France, qui demanda grâce pour eux.

Cependant les Hollandais battus implorèrent du secours, et l'empereur, le roi de Danemarck, les électeurs de Saxe et de Brandebourg, les ducs de Brunswick et de Lunebourg, et plusieurs autres souverains, firent une ligue contre nous, avec les états-généraux des Provinces-Unies. L'électeur de Brandebourg fut le premier qui se mit en campagne pour leur venir en aide. Ce prince avait vingt-cinq mille hommes de ses propres troupes, et dix mille de celles de l'empereur, que lui avait amenées le comte de Monte-cuculli. Il avait un équipage d'artillerie de soixante pièces de canon, et d'un très-grand nombre de mortiers. A la tête de cette puissante armée, il se flattait d'aller embarrasser Turenne qui, étant obligé de mettre des garnisons dans presque toutes les villes de la Hollande, ne pouvait avoir guère de troupes en campagne.

En effet, Turenne ne put disposer que de douze mille hommes pour aller faire tête à l'électeur de Brandebourg ; encore y en avait-il parmi eux qui n'étaient pas trop contents d'aller recommencer une nouvelle campagne à la fin de celle qu'ils venaient de faire. C'est avec ce petit nombre qu'il se décida à passer le Rhin à Wésel (1672).

La hardiesse de cette démarche surprit toute l'Allemagne, qui avait cru qu'il se contenterait de défendre le passage de ce fleuve. La cour de France en fut étonnée. L'électeur de Brandebourg, qui s'était attendu à tout faire fuir devant lui, fut fort déconcerté quand il apprit que Turenne avait passé le Rhin. Il fallait cependant qu'il marchât vers ce fleuve pour aller au secours des Hollandais. Il passa dans l'Elbe et le Wéser, et vint gagner le Mein, qu'il passa auprès de Francfort. Turenne, voyant que l'électeur de Brandebourg voulait passer le Rhin si haut, marcha en avant, en remontant par la droite de ce fleuve avec son armée. Il passa la Lippe, l'Emser et la Roër ; il traversa le duché de Berg et vint jusqu'à Nassau, sur la rivière de Lahn, au-dessus de Coblentz. L'électeur de Brandebourg, après avoir fait en vain plusieurs tentatives pour passer le Rhin aux environs de Mayence, prit enfin la triste résolution de repasser le Mein, dans l'espérance que nous repasserions aussi le Rhin dès que nous le verrions éloigné, et qu'ainsi il pourrait demeurer pendant l'hiver dans son comté de la Marck, où il se trouverait

tout à portée d'entrer en Hollande au printemps
prochain.

Il est peu de grands capitaines qui n'eussent
cru avoir beaucoup fait d'avoir non-seulement
arrêté l'électeur de Brandebourg, mais encore
de l'avoir obligé à retourner sur ses pas. Le roi,
qui ne s'était point attendu à un aussi grand
succès, était plus que satisfait, et manda à
Turenne de repasser le Rhin, et de mettre ses
troupes en quartier d'hiver dans la Lorraine. Et
comme on n'apprenait point qu'il eût repassé ce
fleuve, le marquis de Louvois lui manda : « qu'il
était à craindre que le Rhin ne vînt à geler, et
qu'il ne pût bientôt plus le repasser; qu'il ris-
quait à faire périr son armée dans une saison
aussi fâcheuse, pour pousser peut-être l'électeur
de Brandebourg dix lieues plus loin qu'il n'était;
que le roi ne voulait pas que ses troupes tinssent
plus longtemps la campagne; qu'il lui ordonnait
absolument de les mettre en quartier d'hiver, et
qu'il s'attendait d'apprendre qu'elles y seraient
par le premier courrier qui viendrait. » Mais
Turenne, qui avait bien d'autres vues pour l'intérêt et pour la gloire de l'Etat, se contenta de
mander au marquis de Louvois qu'il n'était pas
du service du roi qu'il repassât sitôt le Rhin : et
voyant tous les mouvements qu'on se donnait

dans l'empire en faveur des Hollandais, il crut devoir faire en la personne de l'électeur de Brandebourg un exemple qui tînt en respect toute l'Allemagne.

Dans cette vue, il marcha vers le comté de la Marck, où ce prince s'était retiré, et dont il se rendit maître avant que l'électeur de Brandebourg eût eu, pour ainsi dire, le temps de se reconnaître dans son comté de Ravensberg. Turenne voulant aller l'attaquer, fit passer la Lippe à son armée. Mais l'électeur s'éloignant toujours de plus en plus, à mesure que nous avancions sur lui, leva ses quartiers à peine établis, et repassa le Wéser avec précipitation, au grand étonnement de l'Allemagne, qui était dans la dernière surprise de le voir fuir ainsi devant une armée plus faible de moitié que la sienne. Turenne s'empara du comté de Ravensberg, comme il avait fait de celui de la Marck ; il chassa la garnison que l'électeur de Brandebourg avait mise dans la ville d'Hoexter, sur le Wéser, et passa le fleuve à dessein de poursuivre cet électeur jusque dans sa principauté d'Halberstadt, où il s'était retiré après avoir laissé une partie de ses troupes pour garder les postes qui étaient entre lui et nous. La saison était extraordinairement rigoureuse, il faisait un froid cruel, et la terre était tellement gélée qu'on ne pouvait ouvrir la tranchée devant les villes qu'on assiégeait, et qu'on était obligé d'essuyer tout le feu de la mousqueterie et du canon des ennemis à découvert; il fallait passer par des montagnes très-difficiles, par des défilés très-étroits. Turenne s'étant couché un jour derrière un buisson pour dormir pendant que l'armée traversait un de ces défilés qui était fort long, quelques soldats le reconnurent; et comme la neige commençait à tomber sur lui, ils coupèrent aussitôt des branches d'arbres pour lui faire une hutte: plusieurs cavaliers qui survinrent, voyant que les branchages ne le mettaient pas assez à couvert, donnèrent tous à l'envi leurs manteaux pour lui faire une espèce de tente. Sur quoi s'étant éveillé, et leur ayant demandé à quoi ils s'amusaient au lieu de marcher : *Nous voulons,* répondirent-ils, *conserver notre général; c'est là notre plus grande affaire; et si nous venions à le perdre, nous ne reverrions jamais peut-être notre pays.* Cependant les peines que les soldats avaient à souffrir sont presque inconcevables : mais l'abondance où ils se trouvaient dans un pays ennemi leur faisait oublier toutes leurs fatigues; d'ailleurs Turenne les ménageait en toutes choses avec des soins si pleins de bonté, que la reconnaissance les aurait fait aller avec lui jusqu'au bout du monde. Aussi, malgré tant d'obstacles qui se présentaient, il força tous les passages à la garde desquels les ennemis avaient laissé des troupes en se retirant, et prit en si peu de temps toutes les villes où ils avaient jeté des garnisons, que l'électeur de Brandebourg, ne se croyant pas en sûreté dans sa principauté d'Halberstadt où il était, repassa l'Elbe à Magdebourg, et se réfugia à Berlin, capitale de ses états.

On ne comprenait pas comment Turenne osait s'engager ainsi, avec une armée si faible, dans un pays si éloigné, où il n'y avait ni places ni magasins; mais comme il savait aussi trouver des ressources suivant les besoins, il pourvut si bien à la subsistance de ses troupes qu'elles ne manquèrent de rien.

Il est vrai que, dans un si grand éloignement, il ne pouvait pas envoyer des courriers en France aussi régulièrement qu'on l'aurait souhaité; et comme on fut quelque temps sans recevoir de ses nouvelles, ses envieux commencèrent à déclamer contre lui, disant qu'il s'était laissé couper, et que l'armée du roi était perdue. Le roi était peut-être l'homme de son royaume qui fût le plus sur ses gardes lorsqu'on parlait

au désavantage des absen's, d'autant plus
réservé à s'expliquer sur les gens que le déchaî-
nement était plus grand contre eux. Il ne se
déclarait presque jamais en ces sortes d'occasions; néanmoins dans celle-ci, où plusieurs
courtisans murmuraient de ce qu'on ne savait ce
qu'était devenu Turenne, il lui échappa de dire
que, à la vérité, il n'avait aucune nouvelle de
lui. Mais on ne fut pas long emps sans en recevoir, et l'on apprit bientôt que, après avoir poussé
l'électeur de Brandebourg depuis le Rhin jusqu'à
l'Elbe, sans qu'il osât tour er la tête pour défendre ses Etats, il l'avait réduit à chercher un
asile dans la capitale, où même, ne se trouvant
pas en sûreté, il avait été enfin forcé de demander la paix qu'on ne lui accorda qu'après qu'il
eut donné caution de sa parole, et qu'il eut
engagé le duc de Neubourg à se rendre garant
de la fidélité avec laquelle il promettait d'observer les engagements qu'il contractait avec la
France par son traité. Alors la médisance se tut,
et les envieux de Turenne, depuis cela, semblèrent
respecter son mérite.

Les ennemis de l'Etat ne pouvaient s'empêcher
d'être touchés de ce mérite, ainsi qu'on le vit
dans ce temps-là à l'égard de l'électeur de
Brandebourg. Car lors même que ce prince était

poursuivi par nos troupes d'une manière si mortifiante pour lui, ayant appris qu'un homme était
passé dans le camp de Turenne, à dessein de l'em-
poisonner, il ne put souffrir qu'il pérît si malheureusement, et lui en donna avis ; de sorte qu'on
reconnût ce misérable, que Turenne se contenta
de faire chasser de son armée.

Cependant l'Espagne, voyant les succès extraordinaires de nos armes, se ligua avec les
Hollandais, et se prépara à nous faire la guerre
du côté des Pays-Bas ; et l'empereur ayant fait de
toutes les troupes de ses Etats une armée de
trente-cinq mille hommes, il ordonna au comte
de Montecuculli de la mener au secours de la
Hollande, et de faire tout son possible pour passer le Rhin, et se joindre aux troupes de cete
république, à la tête desquelles était le prince
d'Orange, et à celle des Espagnols que commandait le comte de Monterey.

Le roi ordonna à Turenne de couvrir le Rhin
du côté de l'Alsace, et d'empêcher en même temps,
s'il était possible, la jonction des troupes impériales avec celles des Espagnols et des Hollandais,
du côté du bas Rhin, il lui envoya pour cela
quatre mille hommes de renfort.

La conquête de la Franche-Comté fut la première entreprise par laquelle on ouvrit la cam-

pagne l'année suivante. Elle réveilla l'envie de nos voisins, et ceux qui jusque-là étaient demeurés neutres se déclarèrent contre nous. A un si grand nombre d'ennemis le roi n'opposa que Turenne, et il l'envoya contre eux avec dix mille hommes. Il commença par engager Strasbourg à la neutralité : puis, malgré toutes les difficultés, il envoya ordre qu'on fît un pont de bateaux à Philippsbourg. Il partit d'Hochfeld, près de Saverne, et fit une telle diligence que dans deux jours il arriva vis-à-vis Philippsbourg, dans le moment où son pont venait d'être achevé. Il y passa le Rhin aussitôt; puis, par une marche forcée, il joignit les ennemis avant qu'ils fussent arrivé au Necker.

_ Le duc de Lorraine et le comte Caprara, nous voyant si près d'eux, ne pensèrent plus qu'à occuper quelque poste où leur armée pût être en sûreté contre tout ce que nous pourrions entreprendre, jusqu'à ce que le duc de Bournonville les fût venu joindre. Sintzheim, ou ils étaient, leur parut très-propre pour cela. Cette ville est à une égale distance de Philippsbourg sur le Rhin, et de Heilbronn sur le Necker. Ils se saisirent de la ville et du château. Ils y jetèrent une partie de leurs bataillons pour les défendre, et ils mirent toute leur cavalerie avec le reste de leur infanterie en bataille dans la plaine qui est au-dessus de la montagne.

Ce fut dans cette plaine que Turenne arriva après quatre jours de marche. Il reconnut d'abord la situation des lieux et la disposition des ennemis, puis il leur livra bataille. Elle dura depuis trois heures du matin jusqu'à cinq heures du soir. Turenne vainqueur mit tout le Palatinat à contribution.

Après la fuite des ennemis, Turenne se trouvant maître du Palatinat, y campa ses troupes, qui ravagèrent le pays (1674).

Turenne reçut alors une lettre du roi, par laquelle il lui mandait qu'il avait impatience de le revoir pour lui témoigner sa satisfaction. Ce général ayant donc donné tous les ordres nécessaires pour la sûreté et pour les quartiers d'hiver de son armée, prit le chemin de la cour. Il trouva sur toute sa route un concours de gens de toute sorte d'âge et de condition, qui venaient au-devant de lui pour le voir. Le roi le reçut d'une manière qui faisait assez connaître qu'il n'y avait personne dans son royaume qu'il estimât plus que lui. Chacun le regardait comme un homme qui venait de sauver l'Etat. On s'arrêtait dans les rues de Paris pour le voir passer : il ne pouvait plus aller dans les églises qu'il ne fût environné d'une foule de peuple qui semblait ne pouvoir se rassasier de le voir. Personne n'avait peut-être jamais joui d'une réputation si pure et si étendue ; et il ne tenait qu'à lui d'accroître encore sa gloire en continuant de commander les armées. Mais au contraire il souhaitait fort alors qu'on eût bien voulu l'en dispenser : son âge était déjà avancé, et ce fond de religion dont il avait le cœur rempli, le pressait fortement de se dégager de toutes les affaires du monde, pour passer le reste de ses jours dans la retraite. Cependant, persuadé que tant que la guerre durerait il ne pourrait quitter le service sans manquer à ce qu'il devait au roi et à l'État, il accepta encore le commandement de l'armée qui devait agir, cette année-là, du côté de l'Allemagne ; Schlestadt fut le rendez-vous qu'il marqua aux troupes, et alla se remettre à leur tête sitôt qu'elles y furent assemblées.

Les grands avantages qu'il avait remportés la campagne précédente avaient fait perdre aux divers corps de l'armée impériale la confiance qu'ils avaient en leurs chefs, et la terreur était répandue dans toutes leurs troupes. Pour les rassurer, l'empereur en donna le commandement au comte de Montecuculli qui n'avait point voulu se trouver à l'armée l'année précédente,

pour ne pas obéir à l'électeur de Brandebourg,
duquel il aurait été obligé de recevoir l'ordre, à
cause de son rang. Le comte de Montecuculli
faisait la guerre depuis près de cinquante ans,
et y était véritablement consommé. Il avait tiré
ses troupes de leurs quartiers d'hiver beaucoup
plus tôt qu'on a coutume de les faire sortir en
Allemagne. Il espérait passer dans la haute
Alsace, en nous prévenant du côté du Rhin ; mais
voyant que nous y étions arrivés avant lui, et
n'osant entreprendre de jeter un pont sur ce fleuve
en notre présence, il marcha du côté de Kehl,
pour tâcher de passer sur le pont de Strasbourg.
Turenne, marchant aussi de son côté, s'ap-
procha de cette ville, et les magistrats voyant notre
armée à leurs portes, observèrent religieusement
la neutralité. Le comte de Montecuculli, persuadé que c'était le voisinage de nos troupes qui
empêchait ceux de Strasbourg de lui donner
passage, entreprit de nous éloigner de cette
ville. Pour cela, abandonnant en apparence le
dessein de passer dans haute Alsace, et fei-
gnant de vouloir assiéger Philippsbourg, il fit
marcher ses troupes du côté de cette place. Mais
Turenne, qui jugeait des desseins de ce général,
non parce qu'il faisait, mais parce qu'il avait
intérêt de faire, regarda cette marche comme

une pure feinte, et demeura toujours aux environs de Strasbourg.

Le comte de Montecuculli n'ayant pu faire donner Turenne dans la feinte du siége de Philippsbourg, passa le Rhin au-dessous de Spire, pour lui faire croire qu'il voulait entrer dans la basse Alsace pour l'attirer de ce côté-là ; se flattant que, en retournant alors sur ses pas, et en nous dérobant quelques marches, il pourrait arriver plus tôt que nous à Strasbourg. et passer sur le pont de cette ville. Mais Turenne, bien loin de prendre le change, voyant que le grand éloignement des ennemis lui donnait le temps de passer le Rhin lui-même, fit promptement descendre des bateaux de Brisach, jeta un pont sur ce fleuve, presque vis-à-vis Ottenheim, qui est à une lieue au-dessous de Rhinau, et commença à y faire passer son armée. A la première nouvelle que le comte de Montecuculli eut de la construction de ce pont, il crut que c'était une feinte par laquelle Turenne voulait l'engager à retourner au-delà du Rhin, et que ce prince n'enverrait que quelque camp volant au-delà du fleuve ; mais il ne fut pas longtemps sans apprendre que toute notre armée avait effectivement passé le Rhin. Alors il repassa ce fleuve ; et courant à la défense du pays, il tâcha de gagner Vilstet sur la Quinche, poste par le moyen duquel il aurait pu nous ôter la communication de Strasbourg. Mais Turenne y étant arrivé avant lui, s'en saisit aussitôt, y mit la droite de son armée, en étendit la gauche jusqu'au fort de Kehl, qui est à la tête du pont de Strasbourg, et par là il empêcha les ennemis d'avoir aucun commerce avec les habitants de cette ville.

Le comte de Montecuculli se trouva très-embarrassé. Nous avions passé le Rhin, et nous étions dans les terres de l'empire : il fallait donc qu'il nous obligeât à repasser ce fleuve, ou qu'il fît quelque chose d'équivalent.

Turenne n'avait que vingt mille hommes, et il avait été obligé de laisser une partie de ses troupes à Ottenheim pour garder son pont : néanmoins, comme pour aller à lui il fallait passer la Quinche dont il s'était couvert, le comte de Montecuculli n'osant entreprendre de le faire, résolut de nous donner jalousie pour notre pont d'Ottenheim en s'avançant de ce côté-là, et de tâcher de nous faire abandonner Vilstet. Dans cette vue il fit marcher son armée le long des montagnes de la Forêt-Noire, pour aller gagner l'abbaye de Schuttern, qui n'est qu'à une lieue d'Ottenheim. Mais Turenne, ayant

résolu de marcher en même temps que lui laissa
à Vilstet un détachement suffisant pour garder ce
poste; et menant le reste de son armée à Ottenheim, il y arriva avant les ennemis.

Le comte de Montecuculli se voyant encore
prévenu, demeura campé à Schuttern, faisant
divers mouvements à droite et à gauche pour
nous inquiéter, tantôt vers notre pont, tantôt
du côté de celui de Strasbourg. Mais Turenne
ayant fait ouvrir les défilés et les bois depuis
Ottenheim jusqu'à Vilstet, pour faire passer
avec plus de facilité ses troupes, suivit si à propos les ennemis dans tous leurs mouvements,
qu'il se trouva partout où ils voulurent entreprendre quelque chose, et défendit si bien la
tête des deux ponts qu'ils ne purent se rendre
maîtres ni de l'un ni de l'autre.

Pendant tout le temps qu'on demeura dans
cette situation, il ne se passa presque point de
jour auquel il n'y eut quelque rencontre entre
les partis des deux armées. Les Impériaux et les
Français étaient à tous moments aux mains,
mais seulement dans de légères escarmouches.
Car, quoique Turenne et le comte de Montecuculli s'observassent mutuellement et avec grand
soin, attendant tous deux que l'un ou l'autre fît
quelque fausse démarche pour en profiter, quoi-

qu'ils tentassent toutes choses à l'envi pour faire naître quelque conjecture favorable de s'attaquer l'un l'autre avec avantage, ils n'en purent jamais trouver l'occasion.

Les deux armées n'étaient séparées que par la petite rivière de Tonditg, sur laquelle même Turenne avait fait plusieurs ponts. Cependant les troupes se reposaient tellement de part et d'autre sur leur général, que l'on dormait sans inquiétude dans les deux camps, quoiqu'il n'y eût quelquefois qu'un quart de lieue de la tête d'une armée à celle de l'autre.

Toute l'Europe était attentive à ce qui se passait de ce côté-là ; et c'était en effet une chose digne de son attention que les démarches des deux plus grands généraux qui fussent alors, et que la fortune semblait avoir voulu opposer l'un à l'autre pour décider des intérêts de la France et de l'Allemagne. Ces deux capitaines, tous deux d'une expérience consommée, mirent en pratique tout ce qu'un long usage leur avait appris du métier de la guerre tant qu'ils furent er présence. Les ennemis eux-mêmes ne pouvaient comprendre comment Turenne pouvait, avec vingt mille hommes, tellement garnir de troupes tout l'espace, depuis Vilstet jusqu'à Ottenheim, qui est de quatre grandes lieues, qu'il se trouvât toujours à la portée de défendre ses positions sur le Rhin dès qu'il paraissait vers l'une ou vers l'autre. Ils auraient bien voulu marcher en avant du côté de Fribourg, où il y avait de grands magasins ; mais en y allant ils auraient prêté le flanc à Turenne. Retourner en arrière, ils ne le pouvaient avec honneur ; néanmoins, croyant que c'était le parti le plus sûr pour eux, ils se déterminèrent enfin à le prendre. Le comte de Montecuculli retourna sur ses pas, repassa la Quinche à Offenbourg, et se campa auprès de cette ville.

Turenne voyant reculer les ennemis, résolut de les poursuivre pour leur donner bataille ; et il les alla serrer de si près à Offenbourg, qu'ils furent obligés d'en décamper, et de gagner Urtaff qui est à deux lieues par-delà. Turenne marcha aussitôt après eux ; mais à peine eut-il passé la Quinche, que le comte de Montecuculli décampa encore, et, continuant à reculer, alla se mettre derrière la rivière de Reuchen, qui est à quatre lieues au-dessous de Strasbourg. Turenne poursuivant toujours les ennemis à mesure qu'ils se retiraient, s'avança jusqu'à cette rivière, la passa auprès de la petite ville de Reuchen, chassa une troupe d'Impériaux qui s'étaient retranchés dans une église aux environs d'Acheren, et étant arrivé sur les hauteurs du village de Suspach, qui est à une demi-lieue de cette ville, il découvrit toute l'armée impériale, de laquelle il n'était plus séparé que par un petit ruisseau. Il avait beaucoup moins de troupes que les ennemis. Cependant, ayant résolu de leur donner bataille, il marcha à eux; il fit dresser des batteries sur les hauteurs dont il s'était saisi, il visita tous les postes; il se transporta sur l'éminence la plus élevée pour reconnaître encore mieux les endroits par où il voulait faire attaquer les Impériaux; et tout lui parut si favorablement disposé pour son dessein, que, quoique jamais il n'eût rien fait connaître de ce qu'il se promettait d'avantageux à la veille d'un combat, il ne put s'empêcher cette fois-ci de dire ce qu'il pensait de l'heureux succès de celui qu'il allait donner. Il voyait que les ennemis ne pouvaient lui échapper et que, selon toutes les apparences, il allait enfin recueillir le fruit d'une si glorieuse campagne, lorsque les ennemis, ayant fait tirer une volée de canon vers l'endroit où il était, il fut atteint par un boulet qui lui donna au milieu de l'estomac, et le renversa mort par terre (le 27 juillet 1675). Ce même boulet de canon emporta un bras à M. de Sainte-Hilaire, lieutenant-général de l'artillerie, et comme ses deux enfants pleuraient de le voir en cet état : *Ce n'est pas moi*, leur dit-il, *qu'il faut pleurer, c'est ce grand homme*, en leur montrant le corps de Turenne; *c'est la perte irréparable que la France vient de faire.*

La plupart de ceux qui virent tomber Turenne demeurèrent tellement éperdus qu'on eût dit qu'ils avaient été frappés du même coup. Cependant un d'entre eux, qui sut mieux se posséder que les autres, jugeant de quelle conséquence il était de cacher un accident si funeste, jeta promptement un manteau sur le corps de Turenne, et le fit emporter le plus secrètement qu'il pût.

A cette nouvelle le comte de Montecuculli, qui n'ignorait pas les avantages qu'il pouvait retirer de la mort de Turenne, ne parut néanmoins sensible qu'à la douleur qu'il avait fait de la perte de ce général, duquel il dit ce beau mot, qui renferme un sens si profond : *Il faisait honneur à l'homme;* voulant faire connaître par là que la nature humaine se trouvait honorée par le mérite d'un homme tel que Turenne.

Au reste, la confiance des Impériaux alla jusqu'à la présomption lorsqu'ils apprirent cette mort; et ils commencèrent à se regarder déjà

comme maîtres des Français par une si grande
perte. De notre côté, quelques mesures que l'on
eût prises pour la tenir secrète, elle ne put l'être
bien longtemps. Il parut aux yeux de tout le
monde qu'il se passait quelque chose de mysté-
rieux parmi les officiers généraux. Les soldats
ne purent pénétrer ce que c'était; mais les officiers en ayant aisément deviné la cause, commencèrent bientôt à la rendre publique. On ne
saurait exprimer la consternation où tomba
l'armée quand on y apprit cette mort. On en fut
tellement saisi, que tout le monde demeurant
muet et immobile : il se fit tout à coup un profond
silence dans le camp, malgré le tumulte qui en
est comme inséparable. Ce silence ne fut rompu
que par les lamentations de quelques soldats qui
s'écrièrent : *Notre père est mort*; *nous avons perdu
notre père ; nous sommes perdus !* D'autres s'arra-
chaient les cheveux de douleur. Les Anglais voulaient se jeter sur les ennemis pour venger sa
mort. Tous les soldats, touchés d'une triste
curiosité, voulurent voir le corps de leur général ; spectacle qui redoubla leurs pleurs et leurs
cris. Cependant la crainte où chacun était pour
soi-même l'ayant bientôt emporté sur toute
autre sorte de sentiments, nous retournâmes chercher notre pont pour y passer le Rhin. Ce fut une

chose bien mortifiante qu'il nous fallait faire devant des gens que nous étions allé chercher si loin. Après avoir essuyé un sanglant combat, nous voyant en sûreté en-deçà du Rhin, nous commençâmes à sentir plus vivement la grandeur de notre perte, n'étant plus partagés par aucun autre intérêt. Les officiers et les soldats recommencèrent à déplorer leur malheur par de nouveaux regrets, à rappeler le souvenir de toutes les marques de bonté qu'ils avaient reçues de Turenne, et à se les raconter les uns aux autres. Le comte d'Auvergne et ses autres neveux, qui se trouvèrent alors dans notre armée, lui ayant fait faire un service, les gémissements redoublèrent quand on vint à lui rendre les derniers devoirs. Son affabilité, son désintéressement et ses qualités aimables revenaient dans l'esprit de tout le monde, et faisaient verser des larmes, enfin l'on peut assurer que jamais père, prince ni bienfaiteur ne furent tant pleurés de personne qu'il le fut de toutes les troupes.

On fit aussitôt huit maréchaux de France, pour réparer en quelque sorte la perte d'un seul, dont on ne connut jamais mieux le prix qu'après sa mort.

Pour avoir une juste idée de la consternation que cette mort causa dans Paris, il faudrait y avoir été alors. La tristesse, en un instant, fut peinte sur le visage des habitants de cette grande ville. On vit l'artisan quitter son travail pour aller former une société de plaintes avec ses voisins, et les bourgeois s'attrouper pour se demander jusqu'aux moindres circonstances d'un si grand malheur avec les regrets les plus tendres et les plus vifs.

La même chose arriva dans les provinces les plus éloignées. On fut plusieurs jours incapable de faire autre chose que de parler de la mort de Turenne et de le pleurer.

Le roi même, touché de tout ce que le général avait fait pour la conservation de sa couronne pendant sa minorité, et depuis pour la défense de ses Etats, le pleura : il ordonna que son corps fût apporté dans l'abbaye de Saint-Denis, où l'on enterre ordinairement tous les rois de France ; et même pour le distinguer des autres grands hommes qui y ont été inhumés, il voulut qu'il fût enterré dans la chapelle destinée pour la sépulture des rois et des princes de la branche royale de Bourbon, comme il paraît par l'ordre contenu dans la lettre suivante, adressée à l'abbé et aux religieux de l'abbaye de Saint-Denis en France.

« Chers et bien aimés,

« L's grands et signalés services qui ont été
» rendus à cet Etat par feu notre cousin le
» vicomte de Turenne, et les preuves éclatantes
» qu'il a données de son zèle, de son affection
» à notre service, et de sa capacité dans le
» commandement de nos armées, que nous lui
» avions confiées avec une espérance certaine
» des heureux et grands succès que sa prudence
» consommée et sa valeur extraordinaire ont
» procurés à nos armes, nous a ant fait ressentir
» avec beaucoup de douleur la perte d'un
» aussi grand h mme, et d'un sujet aussi né-
» cessaire et aussi distingué par sa vertu et par
» son mérite, nous avons voulu donner un
» témoignage public digne de notre estime et de
» ses grandes actions, en ordonnant qu'il fût
» rendu à sa mémoire tous les honneurs qui
» peuvent marquer à la postérité l'extrême sa-
» tisfaction qui nous reste, et le souvenir que
» nous voulons conserver de tout ce qu'il a
» fait pour la gloire de nos armes et pour le
» soutien de notre Etat. Et comme nous ne

» pouvons en donner de marques plus publiques
» et plus certaines qu'en prenant soin de sa
» sépulture, nous avons voulu y pourvoir en telle
» sorte que le lieu où elle serait fût un témoi-
» gnage de la grandeur de ses services et de notre
» reconnaissance. C'est pourquoi, ayant résolu
» de faire bâtir dans l'église de Saint-Denis une
» chapelle pour la sépulture des rois et des
» princes de la branche royale de Bourbon, nous
» voulons que, lorsqu'elle sera achevée, le corps
» de notre dit cousin y soit transféré pour y
» être mis en lieu honorable, suivant l'ordre que
» nous en donnerons; et cependant nous avons
» permis à nos cousins le cardinal et le duc de
» Bouillon, ses neveux, de mettre son corps en
» dépôt dans la chapelle de Saint-Eustache de la
» sainte église de Saint-Denis, et d'y élever un
» monument à la mémoire de leur oncle, suivant
» les desseins qui en ont été arrêtés. C'est de
» quoi nous avons bien voulu vous donner avis,
» et vous dire en même temps que nous voulons
» que vous exécutiez ce qui est en cela de not e
» volonté, en faisant mettre le corps dans la
» chapelle, et en laissant la liberté aux ouvriers
» de travailler au monument jusqu'à son entière
» perfection. Si n'y faites faute, car tel est notre
» plaisir.

» Donné à Saint-Germain-en-Laye, le 22ᵉ jour
» de novembre, 1675.

» Signé LOUIS ; et plus bas, COLBERT. »

On fit donc apporter le corps de Turenne, de
l'Alsace où il était, dans l'abbaye de Saint-Denis.
Ces sortes de cérémonies, toujours tristes d'elles-
mêmes, n'avaient jamais rien eu de si lugubre
que celle-ci. Les peuples venaient de tous les
environs sur le chemin par où ce corps devait
passer. Les habitants de la campagne sortaient
des bourgs et des villages pour aller le recevoir ;
le clergé allait au-devant de ville en ville. Le
roi lui fit faire, à Notre-Dame de Paris, un service
où le clergé de France, le parlement, l'université
et la ville assistèrent en corps. L'oraison funèbre,
qui y fut prononcée par l'évêque de Lombez,
renouvela les pleurs de toute l'assemblée. Les
plus célèbres prédicateurs en firent à l'envi en
plusieurs autres endroits ; et il ne se prononça
durant cette année aucun discours public, ni à
l'ouverture des parlements, ni à celle de l'aca-
démie et des universités, ni en aucune autre
sorte d'occasion, où l'on ne fît l'éloge de Turenne,
et où l'on ne pleurât sa perte : ce qui ne s'est
peut-être jamais fait pour aucun autre particulier.

H. du M...

ORAISON FUNÈBRE

DE TRÈS-HAUT ET TRÈS-PUISSANT PRINCE

HENRI de la TOUR-D'AUVERGNE, vicomte de TURENNE

maréchal général des camps et armées du roi, colonel général de la cavalerie
légère, gouverneur du haut et bas Limousin

**prononcée à Paris, dans l'Eglise de Saint-Eustache,
le 10 janvier 1676.**

Fleverunt eum omnis populus Israel planctu magno, et
lugebant dies multos, et dixerunt : Quomodo cecidit potens,
qui salvum faciebat populum Israel !

Je ne puis, Messieurs, vous donner d'abord
une plus haute idée du triste sujet dont je viens
vous entretenir, qu'en recueillant ces termes nobles et expressifs dont l'Ecriture sainte se sert
pour louer la vie, et pour déplorer la mort, du
sage et vaillant Machabée : cet homme, qui portait la gloire de sa nation jusqu'aux extrémités de
la terre ; qui couvrait son camp du bouclier, et
forçait celui des ennemis avec l'épée ; qui donnait à des rois ligués contre lui des déplaisirs
mortels, et réjouissait Jacob par ses vertus et
par ses exploits, dont la mémoire doit être
éternelle.

Cet homme qui défendait les villes de Juda,

qui domptait l'orgueil des enfants d'Ammon et d'Esaü, qui revenait chargé des dépouilles de Samarie, après avoir brûlé sur leurs propres autels les dieux des nations étrangères : cet homme que Dieu avait mis autour d'Israël, comme un mur d'airain où se brisèrent tant de fois toutes les forces de l'Asie, et qui, après avoir défait de nombreuses armées, déconcerté les plus fiers et les plus habiles généraux des rois de Syrie, venaient tous les ans, comme le moindre des Israélites, réparer avec ses mains triomphantes les ruines du sanctuaire, et ne voulait d'autre récompense des services qu'il rendait à sa patrie, que l'honneur de l'avoir servie : ce vaillant homme poussant enfin, avec un courage invincible, les ennemis qu'il avait réduits à une fuite honteuse, reçut le coup mortel, et demeura comme enseveli dans son triomphe. Au premier bruit de ce funeste accident, toutes les villes de Judée furent émues, des ruisseaux de larmes coulèrent des yeux de tous leurs habitants. Ils furent quelque temps saisis, muets, immobiles. Un effort de douleur rompant enfin ce long et morne silence, d'une voix entrecoupée de sanglots que formaient dans leurs cœurs la tristesse, la piété, la crainte, ils s'écrièrent : « Comment est mort ce puissant qui sauvait le peuple d'Israël ! » A ces cris Jérusalem redoubla ses pleurs, les voûtes du temple s'ébranlèrent ; le Jourdain se troubla, et tous ses rivages retentirent du son de ces lugubres paroles : « Comment est mort

» cet homme puissant qui sauvait le peuple
» d'Israël!

Chrétiens, qu'une triste cérémonie assemble en
ce lieu, ne rappelez-vous pas en votre mémoire
ce que vous avez vu, ce que vous avez senti,
il y a cinq mois? Ne vous reconnaissez pas
dans l'affliction que j'ai décrite! et ne
mettez-vous pas dans votre esprit, à la
place du héros dont parle l'Ecriture, celui dont
je viens vous parler! La vertu et le malheur
de l'un et de l'autre sont semblables : et il ne
manque aujourd'hui à ce dernier qu'un éloge
digne de lui. O si l'esprit divin, l'esprit de force
et de vérité, avait enrichi mon discours de
ces images vives et naturelles qui représentent
la vertu, et qui la persuadent tout ensemble, de combien de nos idées remplirais-je
vos esprits, et quelle impression ferait sur vos
cœurs le récit de tant d'actions édifiantes et
glorieuses!

Quelle matière fut jamais plus disposée à recevoir tous les ornements d'une grave et solide
éloquence, que la vie et la mort de très-haut et
très-puissant prince Henri de la Tour-d'Auvergne,
vicomte de Turenne, maréchal général des
camps et armées du roi, et colonel général de la
cavalerie légère! Où brillent avec plus d'éclat
les effets glorieux de la vertu militaire, con-
duites d'armées, sièges de places, prises de
villes, passages de rivières, attaques hardies,
retraites honorables, campements bien ordonnés,

combats soutenus, batailles gagnées, ennemis vaincus par la force, dissipés par l'adresse, lassés et consumés par une sage et noble patience? Où peut-on trouver tant et de si puissants exemples, que dans les actions d'un homme sage, modeste, libéral, désintéressé, dévoué au service du prince et de la patrie; grand dans l'adversité par son courage, dans la prospérité par sa modestie, dans les difficultés par sa prudence, dans les périls par sa valeur, dans la religion par sa piété?

Quel sujet peut inspirer des sentiments plus justes et plus touchants, qu'une mort soudaine et surprenante qui a suspendu le cours de nos victoires, et rompu les plus douces espérances de la paix? Puissances ennemies de la France, vous vivez, et l'esprit de la charité chrétienne m'interdit de faire aucun souhait pour votre mort. Puissiez-vous seulement reconnaître la justice de nos armes, recevoir la paix que, malgré vos pertes, vous avez tant de fois refusée, et, dans l'abondance de vos larmes, éteindre les feux d'une guerre que vous avez malheureusement allumée! A Dieu ne plaise que je porte mes souhaits plus loin! les jugements de Dieu sont impénétrables. Mais vous vivez, et je plains en cette chaire un sage et vertueux capitaine, dont les intentions étaient pures, dont la vertu semblait mériter une vie plus longue et plus étendue.

Retenons nos plaintes, Messieurs, il est temps

de commencer son éloge, et de vous faire voir
comment cet homme puissant triomphe des ennemis de l'état par sa valeur, des passions de
l'âme par sa sagesse, des erreurs et des vanités
du siècle par sa piété. Si j'interromps cet ordre
de mon discours, pardonnez un peu de confusion
dans un sujet qui nous a causé tant de trouble.
Je confondrai quelquefois peut-être le général
d'armée, le sage, le chrétien. Je louerai tantôt
les victoires, tantôt les vertus qui les ont obte-
nues. Si je ne puis raconter d'actions, je les dé-
couvrirai dans leurs principes, j'adorerai le
Dieu des armées, j'invoquerai le Dieu de la paix,
je bénirai le Dieu des miséricordes, et j'attirerai
partout votre attention, non par la force de
l'éloquence, mais par la vérité et par la grandeur des vertus dont je suis engagé de vous
parler.

N'attendez pas, Messieurs, que je suive la
coutume des orateurs, et que je loue M. de
Turenne comme on loue les hommes ordinaires.
Si sa vie avait moins d'éclat, je m'arrêterais sur
la grandeur et la noblesse de sa maison, et si
son portrait était moins beau, je produirais ici
ceux de ses ancêtres. Mais la gloire de ses actions efface celle de sa naissance, et la moindre
louange qu'on peut lui donner, c'est d'être sorti
de l'ancienne et illustre maison de la Tour-d'Auvergne, qui a mêlé son sang à celui des rois et
des empereurs, qui a donné des maîtres à
l'Aquitaine, des princesses à toutes les cours

de l'Europe, et des reines même à la France.

Mais que dis-je? il ne faut pas l'en louer ici, il faut l'en plaindre. Quelque glorieuse que fût la source dont il sortait, l'hérésie des derniers temps l'avait infectée. Il recevait avec ce beau sang des principes d'erreur et de mensonge; et parmi ses exemples domestiques, il trouvait celui d'ignorer et de combattre la vérité. Ne faisons donc pas la matière de son éloge de ce qui fut pour lui un sujet de pénitence; et voyons les voies d'honneur et de gloire que la providence de Dieu lui ouvrit dans le monde, avant que sa miséricorde le retirât des voies de la perdition et de l'égarement de ses pères.

Avant sa quatorzième année, il commença à porter les armes. Des siéges et des combats servirent d'exercices à son enfance, et ses premiers divertissements furent des victoires. Sous la discipline du prince d'Orange, son oncle maternel, il apprit l'art de la guerre en qualité de simple soldat, et ni l'orgueil ni la paresse ne l'éloignèrent d'aucun des emplois où la peine et l'obéissance sont attachées. On le vit en ce dernier rang de la milice ne refuser aucune fatigue, et ne craindre aucun péril; faire par honneur ce que les autres faisaient par nécessité, et ne se distinguer d'eux que par un plus grand attachement au travail, et par une noble application à tous ses devoirs.

Ainsi commençait une vie dont les suites devaient être si glorieuses, semblables à ces fleuves qui s'étendent à mesure qu'ils s'éloignent de leur source, et qui portent enfin partout où ils coule t la commodité et l'abondance. Depuis ce temps, il a vécu pour la gloire et pour le salut de l'état. Il a rendu tous les services qu'on peut attendre d'un esprit ferme et agissant quand il se trouve dans un corps robuste et bien constitué. Il a eu dans la jeunesse toute la prudence d'un âge avancé, et dans un âge avancé toute la vigueur de la jeunesse. Ses jours ont été pleins, selon les termes de l'écriture ; et comme il ne perdit pas ses jeunes années dans la mollesse et dans la volupté, il n'a pas été contraint de passer les dernières dans l'oisiveté et dans la faiblesse.

Quel peuple ennemi de la France n'a pas ressenti les effets de sa valeur, et quel endroit de nos frontières n'a pas servi de théâtre à sa gloire? Il passe les Alpes, et dans les fameuses actions de Casal, de Turin, de la route de Quiers, il se signale par son courage et par sa prudence; et l'Italie le regarde comme un des principaux instruments de ces grands et prodigieux succès qu'on aura à peine à croire un jour dans l'histoire. Il passe des Alpes aux Pyrénées, pour assiser à la conquête des deux importantes places qui mettent une de nos plus belles provinces à couvert de tous les efforts de l'Espagne. Il va recueillir au-delà du Rhin les débris d'une armée défaite; il prend les villes, et contribue au gain des batailles. Il s'élève ainsi par d grés, et par son seul mérite, au suprême commandement, et fait voir dans tout le cours de sa vie ce que peut pour la défense d'un royaume un général d'armée qui s'est rendu digne de commander en obéissant, et qui a joint à la valeur et au génie l'application et l'expérience.

Ce fut alors que son esprit et son cœur agirent dans toute leur étendue. Soit qu'il fallût préparer les affaires, ou les décider; chercher la victoire avec ardeur, ou l'attendre avec patience : soit qu'il fallût prévenir les desseins des ennemis par la hardiesse, ou dissiper les craintes et les jalousies des alliés par la prudence; soit qu'il fallût se modérer dans les prospérités, ou se soutenir dans les malheurs de la guerre, son âme fut toujours égale. Il ne fit que changer de vertus quand la fortune changeait de face : heureux sans orgueil, malheureux avec dignité, et presque aussi admirable lorsqu'avec jugement et avec fierté il sauvait les restes des troupes battues, à Mariendal, que lorsqu'il battait lui-même les Impériaux et les Bavarois, et qu'avec des troupes triomphantes, il forçait toute l'Allemagne à demander la paix à la France.

On eût dit qu'un heureux traité allait terminer toutes les guerres de l'Europe, lorsque Dieu, dont les jugements, selon le prophète, sont des abîmes, voulut affliger et punir la France par elle-même, et l'abandonna à tous les dérèglements que causent dans un état les dissensions civiles et domestiques. Souvenez-vous, Messieurs, de ce temps de désordre et de trouble, où l'esprit ténébreux, l'esprit de discorde confondait le devoir avec la passion, le droit avec l'intérêt, la bonne cause avec la mauvaise; où les astres les plus brillants souffrirent presque tous quelque éclipse, et les plus fidèles sujets se virent entraînés, malgré eux, par le torrent des partis, comme ces pilotes qui, se trouvant surpris de l'orage en pleine mer, sont contraints de quitter la route qu'ils veulent tenir, et de s'abandonner pour un temps au gré des vents et de la tempête. Telle est la justice de Dieu; telle est l'infirmité naturelle des hommes. Mais le sage revient aisément à soi, et il y a dans la politique, comme dans la religion, une espèce de pénitence plus glorieuse que l'innocence même, qui répare avantageusement un peu de fragilité par des vertus extraordinaires, et par une ferveur continuelle.

Mais ou m'arrêtai-je, Messieurs! Votre esprit vous représente déjà sans doute M. de Turenne à la tête des armées du roi. Vous le voyez combattre et dissiper la rébellion, ramener ceux que le mensonge avait séduits, rassurer ceux que la crainte avait ébranlés, et crier, comme un autre Moïse, à toutes les portes d'Israël : « Que ceux qui sont au Seigneur se joignent à » moi. » Quelles furent alors sa fermeté et sa sagesse! Tantôt sur les rives de la Loire, suivi d'un petit nombre d'officiers et de domestiques, il court à la défense d'un pont, et tient ferme contre une armée; et soit la hardiesse de l'entreprise, soit la seule présence de ce grand homme, soit la protection visible du ciel, qui rendait les ennemis immobiles, il étonna par sa résolution ceux qu'il ne pouvait arrêter par la force, et releva par cette prudente et heureuse témérité l'état penchant vers sa ruine. Tantôt se servant de tous les avantages des temps et des lieux, il arrête avec peu de troupes une armée qui venait de vaincre, et mérite les louanges mêmes d'un ennemi qui, dans les siècles idolâtres, aurait passé pour le Dieu des batailles. Tantôt vers les bords de la Seine, il oblige par un traité un prince étranger, dont il avait pénétré les plus secrètes intentions, de sortir de France, et d'abandonner les espérances qu'il avait conçues de profiter de nos désordres.

Je pourrais ajouter ici des places prises, des combats gagnés sur les rebelles. Mais dérobons quelque chose à la gloire de notre héros, plutôt que de voir plus longtemps l'image funeste de nos misères passées. Parlons d'autres exploits qui aient été aussi avantageux pour la France que pour lui-même, et dont nos ennemis n'aient pas eu sujet de se réjouir.

Je me contente de vous dire qu'il apaisa par sa conduite l'orage dont le royaume était agité. Si la licence fut réprimée, si les haines publiques et particulières furent assoupies, si les lois reprirent leurs anciennes vigueurs, et si l'ordre et le repos furent rétablis dans les villes et dans les

provinces, si les membres furent heureusement
réunis avec leur chef, c'est à lui, France, que tu
le dois. Je me trompe ; c'est à Dieu, qui tire,
quand il veut, des trésors de sa providence,
ces grandes âmes qu'il a choisies comme des
instruments visibles de sa puissance, pour faire
naître du sein des tempêtes le calme et la tran-
quillité publique, pour relever les états de leur
ruine, et réconcilier, quand sa justice est satisfaite, les peuples avec leurs souverains.

Son courage, qui n'agissait qu'avec peine dans
les malheurs de sa patrie, sembla s'échauffer
dans les guerres étrangères, et l'on vit redoubler
sa valeur. N'entendez pas par ce mot, Messieurs,
une hardiesse vaine, indiscrète, emportée, qui
cherche le danger pour le danger même, qui
s'expose sans fruit, et qui n'a pour but que la
réputation et les vains applaudissements des
hommes. Je parle d'une hardiesse sage et réglée,
qui s'anime à la vue des ennemis ; qui, dans le
péril même, pourvoit à tout et prend tous ses
avantages, mais qui se mesure avec ses forces ;
qui entreprend les choses difficiles, et ne tente
pas les impossibles ; qui n'abandonne rien
au hasard de ce qui peut être conduit par la
vertu ; capable enfin de tout oser quand le
conseil est inutile, et prêt à mourir dans la victoire, ou à survivre à son malheur, en accomplis-
sant ses devoirs.

J'avoue, Messieurs, que je succombe ici sous
le poids de mon sujet. Ce grand nombre d'ac-

tions dont je dois parler m'embarrasse ; je ne puis les décrire toutes, et je voudrais n'en omettre aucune. Que n'ai-je le secret de graver dans vos esprits un plan invisible et raccourci de la Flandre et de l'Allemagne! Je manquerais sans confusion dans vos pensées tout ce que fit ce grand capitaine, et vous dirais en abrégé, selon les lieux : Ici il forçait des retranchements, et secourait une place assiégée ; là, il surprenait les ennemis, ou les battait en pleine campagne : ces villes, où vous voyez les lis arborés, ont été, ou défendues par sa vigilance, ou conquises par sa fermeté et par son courage : ce lieu couvert d'un bois et d'une rivière, c'est le poste où il rassurait ses troupes effrayées après une honorable retraite : ici il sortait de ses lignes pour combattre, et d'un seul coup il prenait une ville et gagnait une bataille : là, distribuant ce qui lui restait de son propre argent, il achevait un siége, et il allait en faire lever un en même temps.

Je recueillerais ensuite tant de succès, et vous ferais souvenir de ces mauvaises nuits que le roi d'Espagne avoua qu'il avait passées, et de cette paix recherchée par des traités et des alliances, sans laquelle, Flandre, théâtre sanglant où se passent tant de scènes tragiques, triste et fatale contrée, trop étroite pour contenir tant d'armées qui te dévorent, tu aurais accru le nombre de nos provinces ; et au lieu d'être la source malheureuse de nos guerres, tu serais aujourd'hui le fruit paisible de nos victoires.

Je pourrais, Messieurs, vous montrer vers les bords du Rhin autant de trophées que sur les bords de l'Escaut et de la Sambre. Je pourrais vous décrire des combats gagnés, des rivières et des défilés passés à la vue des ennemis, des plaines teintes de leur sang, des montagnes presque inaccessibles traversées pour les aller repousser loin de nos frontières. Mais l'éloquence de la chaire n'est pas propre au récit des combats et des batailles : la langue d'un prêtre destinée à louer Jésus-Christ, le sauveur des hommes, ne doit pas être employée à parler d'un art qui tend à leur destruction ; et je ne viens pas pour vous donner des idées de meurtre et de carnage devant ces autels, où l'on n'offre plus le sang des taureaux en sacrifice au Dieu des armées, mais au Dieu de miséricorde et de paix une victime non sanglante.

Quoi donc ! N'y a-t-il point de valeur et de générosité chrétienne ? L'Écriture, qui commande de sanctifier les guerres, ne nous apprend-elle pas que la piété n'est pas incompatible avec les armes ? Viens-je condamner une profession que la religion ne condamne pas, quand on en sait modérer la violence ? Non, Messieurs : je sais que ce n'est pas en vain que les princes portent l'épée ; que la force peut agir quand elle se trouve jointe avec l'équité ; que le Dieu des armées préside à cette redoutable justice que les souverains se font à eux-mêmes ; que le droit des armes est nécessaire pour la conservation de la société, et que les guerres sont permises pour assurer la paix, pour protéger l'innocence, pour arrêter la malice qui se déborde, et pour retenir la cupidité dans les bornes de la justice.

Je sais aussi que la modération et la charité doivent régler les guerres parmi les chrétiens ; que les capitaines qui les conduisent sont les ministres de la providence de Dieu, qui est toujours sage, et de la puissance des rois, qui ne doit jamais être injuste ; qu'ils doivent avoir le cœur doux et charitable, lors même que leurs mains sont sanglantes, et adorer intérieurement le créateur, lorsqu'ils se trouvent dans la triste nécessité de détruire ses créatures.

C'est ici que j'atteste la foi publique, Messieurs, et que, parlant de la douceur et de la modération de M. de Turenne, je puis avoir pour témoins de ce que je dis tous ceux qui l'ont suivi dans les armées. S'est-il fait un plaisir de se servir du pouvoir qu'il a eu de nuire à ceux mêmes qu'on regarde et qu'on traite comme ennemis ? Où a-t-il laissé des marques terribles de sa colère, ou de ses vengeances particulières ? Laquelle de ses victoires a-t-il estimée par le nombre des misérables qu'il accablait, ou des morts qu'il laissait sur le champ de bataille ? Quelle vie a-t-il exposée pour son intérêt, ou pour sa propre réputation ? Quel soldat n'a-t-il pas ménagé comme un sujet du prince et une portion de la république? Quelle goutte de sang a-t-il répandue qui n'ait servi à la cause commune?

On l'a vu, dans la fameuse bataille des Dunes, arracher les armes des mains des soldats étrangers, qu'une férocité naturelle acharnait sur les vaincus. On l'a vu gémir de ces maux nécessaires que la guerre traîne après soi, que le temps force de dissimuler, de souffrir et de faire. Il savait qu'il y a un droit plus haut et plus sacré que celui que la fortune et l'orgueil imposent aux faibles et aux malheureux, et que ceux qui vivent sous la loi de Jésus-Christ doivent épargner, autant qu'ils peuvent, un sang consacré par le sien, et ménager des vies qu'il a rachetées par sa mort.

Il cherchait à soumettre les ennemis, non pas à les perdre. Il eût voulu pouvoir attaquer sans nuire, se défendre sans offenser, et réduire au droit et à la justice ceux à qui il était obligé par devoir de faire violence.

Enfin, il s'était fait une espèce de morale militaire qui lui était propre. Il n'avait pour toue passion que l'affection pour la gloire du roi, le désir de la paix, et le zèle du bien public. Il n'avait pour ennemis que l'orgueil, l'injustice et l'usurpation. Il s'était accoutumé à combattre sans colère, à vaincre sans ambition, à triompher sans vanité, et à ne suivre pour règle de ses actions que la vertu et la sagesse.

La valeur n'est qu'une force aveugle et impétueuse, qui se trouble et se précipite, si elle n'est éclairée et conduite par la probité et par la prudence; et le capitaine n'est pas accompli, s'il ne renferme en soi l'homme de bien et l'homme sage. Quelle discipline peut établir dans un camp celui qui ne sait régler ni son esprit ni sa conduite? Et comment saura calmer ou émouvoir, selon ses desseins, dans une armée, tant de passions différentes, celui qui ne sera pas maître des siennes? Aussi l'esprit de Dieu nous apprend, dans l'écriture, que l'homme prudent l'emporte sur le courageux, que la sagesse vaut mieux que les armes des gens de guerre, et que celui qui est patient et modéré est quelquefois plus estimable que celui qui prend des villes et qui gagne des batailles.

Ici vous formez sans doute, Messieurs, dans votre esprit, des idées plus nobles que celles que je puis vous donner. En parlant de M. de Turenne, je reconnais que je ne puis vous élever au-dessus de vous-mêmes, et le seul avantage que j'ai, c'est que je ne dirai rien que vous ne croyiez, et que, sans être flatteur, je puis dire de grandes choses. Y eut-il jamais homme plus sage et plus prévoyant; qui conduisît une guerre avec plus d'ordre et de jugement; qui eût plus de précautions et plus de ressources; qui fût plus agissant et plus retenu; qui disposât mieux toutes choses à leur fin, et qui laissât mûrir ses entreprises avec tant de patience? Il prenait presque des mesures infaillibles; et pénétrant non-seulement ce que les ennemis avaient fait, mais encore ce qu'ils avaient desein de faire, il pouvait être malheureux mais il n'était jamais surpris. Il distinguait le temps d'attaquer et le temps de défendre. Il ne hasardait jamais rien que lorsqu'il avait beaucoup à gagner, et qu'il n'avait presque rien à perdre. Lors même qu'il semblait céder, il ne laissait pas de se faire craindre. Telle enfin était son habileté, que lorsqu'il vainquait, on ne pouvait en attribuer l'honneur qu'à sa prudence ; et lorsqu'il était vaincu, on ne pouvait en imputer la faute qu'à la fortune.

Souvenez-vous, Messieurs, du commencement et des suites de la guerre, qui, n'étant d'abord qu'une étincelle, embrasse aujourd'hui toute l'Europe. Tout se déclare contre la France. On soulève les étrangers, on débauche les alliés, on intimide les amis, on encourage les vaincus, on arme les envieux. Sur des craintes imaginaires et des défiances artificieusement inspirées, les intérêts sont confondus, la foi violée, et les traités méprisés. Il fallait, je l'avoue, pour résister à tant d'armées jointes ensemble contre nous, des troupes aussi vaillantes et des capitaines aussi expérimentés que les nôtres. Mais rien n'était si formidable, que de voir toute l'Allemagne, ce grand et vaste corps, composé de tant de peuples et de nations différentes, déployer tous ses étendards, et marcher vers nos frontières, pour nous accabler par

la force, après nous avoir effrayés par la multitude.

Il fallait opposer à tant d'ennemis, un homme
d'un courage ferme et assuré, d'une capacité
étendue, d'une expérience consommée, qui sou-
tînt la réputation, et qui ménageât les forces du
royaume, qui n'oubliât rien d'utile et de nécessaire, et ne fît rien de superflu, qui sût, selon
les occasions, profiter de ses avantages, ou se
relever de ses pertes; qui fût tantôt le bouclier,
et tantôt l'épée de son pays; capable d'exécuter les ordres qu'il aurait reçus, et de
prendre conseil de lui-même dans les rencontres.

Vous savez de qui je parle, Messieurs; vous
savez le détail de ce qu'il fit, sans que je le
dise. Avec des troupes considérables, seulement
par leur courage et par la confiance qu'elles
avaient en leur général, il arrête et consume
deux grandes armées, et force à conclure la
paix par des traités ceux qui croyaient venir
terminer la guerre par notre entière et prompte
défaite. Tantôt il s'oppose à la jonction de tant
des cours ramassés, et rompt le cours de tous
ces torrents qui auraient inondé la France. Tantôt il les défait ou les dissipe par des combats
réitérés. Tantôt il les repousse au-delà de leurs
rivières, et les arrête toujours par des coups
hardis, quand il faut rétablir la réputation; par
la modération, quand il ne faut que la conserver.

Villes, que nos ennemis s'étaient déjà parta-
gées, vous êtes encore dans l'enceinte de notre
empire. Provinces, qu'ils avaient déjà ravagées
dans le désir et dans la pensée, vous avez encore
recueilli vos moissons. Vous durez encore, places
que l'art et la nature ont fortifiées, et qu'ils
avaient dessein de démolir, et vous n'avez
tremblé que sous des projets frivoles d'un
vainqueur en idée, qui comptait le nombre de nos
soldats, et qui ne songeait pas à la sagesse de
leur capitaine.

Cette sagesse était la source de tant de pros-
péri és éclatantes. Elle entretenait cette union
des soldats avec leur chef, qui rend une armée
invincible; elle répandait dans les troupes un
esprit de force, de courage et de confiance, qui
leur faisait tout souffrir, tout entreprendre dans
l'exécution de ses desseins; elle rendait enfin
des hommes grossiers, capables de gloire; car,
Messieurs, qu'est-ce qu'une armée? c'est un
corps animé d'une infinité de passions différentes,
qu'un homme habile fait mouvoir pour la défense
de la patrie : c'est une troupe d'hommes armés
qui suivent aveuglément les ordres d'un chef,
dont ils ne savent pas les intentions : c'est une
multitude d'âmes, pour la plupart viles et merce-
naires, qui, sans songer à leur propre réputation,
travaillent à celle des rois et des conquérants :
c'est un assemblage confus de libertins qu'il faut
assujettir à l'obéissance; de lâches qu'il faut
mener au combat; de téméraires qu'il faut rete-

ι.ir; d'impatients qu'il faut accoutumer à la constance Quelle prudence ne faut-il pas pour conduire et réunir au seul intérêt public tant de vues et de volontés différentes? Comment se faire craindre sans se mettre en danger d'être haï, et bien souvent abandonné? Comment se faire aimer, sans perdre un peu de l'autorité, et relâcher de la discipline nécessaire?

Qui trouva jamais mieux tous ces justes tempéraments, que ce prince que nous pleurons? Il attacha par des nœuds de respect et d'amitié ceux qu'on ne retient ordinairement que par la crainte des supplices; et se fit rendre par sa modération une obéissance aisée et volontaire. Il parle, chacun écoute ses oracles, il commande, chacun avec joie suit ses ordres; il marche, chacun croit courir à la gloire. On dirait qu'il va combattre des rois confédérés avec sa seule maison, comme un autre Abraham; que ceux qui le suivent sont ses soldats et ses domestiques; et qu'il est et général et père de famille tout ensemble. Aussi rien ne peut soutenir leurs efforts : ils ne trouvent point d'obstacles qu'ils ne surmontent; point de difficultés qu'ils ne vainquent; point de péril qui les épouvante, point de travail qui les rebute; point d'entreprise qui les étonne; point de conquête qui leur paraisse difficile. Que pouvaient-ils refuser à un capitaine qui renonçait à ses commodités pour les faire vivre dans l'abondance, qui, pour leur procurer du repos, perdait le sien propre, qui soulageait

leurs fatigues, et ne s'en épargnait aucune,
qui prodiguait son sang, et ne ménageait que le
leur?

Par quelle invincible chaîne entraînait-il ainsi
les volontés? Par cette bonté avec laquelle il en-
courageait les uns, il excusait les autres, et
donnait à tous les moyens de s'avancer, de vaincre leur malheur, ou de réparer leurs fautes;
par ce désintéressement qui le portait à préférer
ce qui était plus utile à l'état à ce qui pouvait
être plus glorieux pour lui-même; par cette
justice qui, dans la distribution des emplois, ne
lui permettait pas de suivre son inclination au
préjudice du mérite; par cette noblesse de cœur
et de sentimens qui l'élevait au-dessus de sa
propre grandeur, et par tant d'autres qualités
qui lui attiraient l'estime et le respect de tout
le monde. Que j'entrerais volontiers dans les
motifs et dans les circonstances de ses actions!
Que j'aimerais à vous montrer une conduite si
régulière et si uniforme, un mérite si éclatant et
si exempt de faste et d'ostentation; de grandes
vertus produites par des principes encore plus
grands; une droiture universelle qui le porta t à
s'appliquer à tous ses devoirs, et à les réduire
tous à leurs fins justes et naturelles, et une heureuse habitude d'être vertueux, non pas pour
l'honneur, mais pour la justice qu'il y a de l'être!
Mais il ne m'appartient pas de pénétrer jusqu'au
fond de ce cœur magnanime; et il était réservé à
une bouche plus éloquente que la mienne d'en

exprimer tous les mouvements et toutes les inclinations intérieures.

Pour récompenser tant de vertus par quelque honneur extraordinaire, il fallait trouver un grand roi qui crût ignorer quelque chose, et qui fût capable de l'avouer. Loin d'ici ces flatteuses maximes, que les rois naissent habiles, et que les autres le deviennent; que les âmes privilégiées sortent des mains de Dieu qui les crée, toutes sages et intelligentes; qu'il n'y a point pour eux d'essai ni d'apprentissage; qu'ils sont vertueux sans travail, et prudents sans expérience. Nous vivons sous un prince qui, tout grand et tout éclairé qu'il est, il a bien voulu s'instruire pour commander; qui dans la route de la gloire, a su choisir un guide fidèle, et a cru qu'il était de sa sagesse de se servir de celle d'autrui. Quel honneur pour un sujet d'accompagner son roi, de lui servir de conseil, et, si je l'ose dire, d'exemple, dans une importante conquête! Honneur d'autant plus grand, que la faveur n'y put avoir part; qu'il ne fut fondé que sur un mérite universellement connu, et qu'il fut suivi de la prise des villes les plus considérables de la Flandre.

Après cette glorieuse marque d'estime et de confiance, quels projets d'établissement et de fortune n'aurait pas faits un homme avare et ambitieux! Qu'il eût amassé de biens et d'honneurs, et qu'il eût vendu chèrement tant de travaux et de services! Mais cet homme sage et désintéressé, content des témoignages de sa conscience et riche de sa modération, trouve dans le plaisir qu'il a de bien faire la récompense d'avoir bien fait. Quoiqu'il puisse tout obtenir, il ne demande et ne prétend rien; il ne désire, à l'exemple de Salomon, qu'un état frugal et honnête entre la pauvreté et les richesses : et, quelques offres qu'on lui fasse, il n'étend ses désirs qu'à proportion de ses besoins, et se resserre dans les bornes étroites du seul nécessaire. Il n'y eut qu'une ambition qui fut capable de le toucher, ce fut de mériter l'estime et la bienveillance de son maître. Cette ambition fut satisfaite, et notre siècle a vu un sujet aimer son roi pour ses grandes qualités, non pour sa dignité ni pour sa fortune ; et un roi aimer son sujet plus pour le mérite qu'il connaissait en lui, que pour les services qu'il en recevait.

Cet honneur, Messieurs, ne diminua point sa modestie. — A ce mot, je ne sais quel remords m'arrête. Je crains de publier ici des louanges qu'il a si souvent rejetées, et d'offenser après sa mort une vertu qu'il a tant aimée pendant sa vie. Mais accomplissons la justice, et louons-le sans crainte, en un temps où nous ne pouvons être suspects de flatterie, ni lui susceptible de vanité. Qui fit jamais de si grandes choses? — qui les dit avec plus de retenue? Remportait-il quelque avantage? à l'entendre, ce n'était pas qu'il fût habile, mais l'ennemi s'était trompé. Rendait-il compte d'une bataille? il n'oubliait rien, sinon que c'était lui qui l'avait gagnée. Racontait-il quelques-unes de ces actions qui l'avaient rendu si célèbre? on eût dit qu'il n'en avait été que le spectateur, et l'on doutait si c'était lui qui se trompait ou la renommée. Revenait-il de ces glorieuses campagnes qui rendront son nom immortel? il fuyait les acclamations populaires, il rougissait de ses victoires, il venait recevoir des éloges comme on vient faire nos apologies, et n'osait presque aborder le roi, parce qu'il était obligé par respect de souffrir patiemment les louanges dont Sa Majesté ne manquait jamais de l'honorer.

C'est alors que, dans le doux repos d'une condition privée, ce prince se dépouillant de toute la gloire qu'il avait acquise pendant la guerre, et se renfermant dans une société peu nombreuse de quelques amis choisis, il s'exerçait sans bruit aux vertus civiles : sincère dans ses discours, simple dans ses actions, fidèle dans ses amitiés, exact dans ses devoirs, réglé dans ses désirs, grand même dans les moindres choses. Il se cache, mais sa réputation le découvre; il marche sans suite et sans équipage, mais chacun dans son esprit le met sur un char de triomphe. On compte, en le voyant, les ennemis qu'il a vaincus, non pas les serviteurs qui le suivent; tout seul qu'il est, on se figure autour de lui ses vertus et ses victoires qui l'accompagnent : il y a je ne sais quoi de noble dans cette honnête simplicité; et moins il est superbe, plus il devient vénérable.

Il aurait manqué quelque chose à sa gloire, si, trouvant partout tant d'admirateurs, il n'eût fait quelques envieux. Telle est l'injustice des hommes : la gloire la plus pure et la mieux acquise les blesse, tout ce qui s'élève au-dessus d'eux leur devient odieux et insupportable, et la fortune la plus approuvée et la plus modeste n'a pu se sauver de cette lâche et maligne passion. C'est la destinée des grands hommes d'en être attaqués, et c'est le privilége de M. de Turenne d'avoir pu la vaincre. L'envie fut étouffée, ou par le mépris qu'il en fit, ou par des accroissements perpétuels d'honneurs et de gloire : le mérite l'avait fait naître, le mérite la fit mourir. Ceux qui lui étaient moins favorables ont reconnu combien il était nécessaire à l'état; ceux qui ne pouvaient souffrir son élévation se crurent enfin obligés d'y consentir; et n'osant s'affliger de la prospérité d'un homme qui ne leur aurait jamais donné la misérable consolation de se réjouir de quelqu'une de ses fautes, ils joignirent leurs voix à la voix publique, et crurent qu'être son ennemi, c'était l'être de toute la France.

Mais à quoi auraient abouti tant de qualités héroïques, si Dieu n'eût fait éclater sur lui la puissance de sa grâce, et si celui dont sa providence s'était si noblement servie, eût été l'objet éternel de sa justice? Dieu seul pouvait dissiper ces ténèbres, et il tenait en sa puissance l'heureux moment qu'il avait marqué pour l'éclairer de ses vérités.

Il arriva ce moment heureux, ce point où se rapportait toute sa véritable gloire. Il entrevit des piéges et des précipices que sa prévention lui avait jusqu'alors entièrement cachés. Il commença à marcher avec précaution et avec crainte dans ces routes égarées où il se trouvait engagé. Certains rayons de grâces et de lumières lui firent apercevoir qu'en vain remplirait-il les plus beaux endroits de l'histoire, si son nom n'était écrit dans le livre de vie; qu'en vain gagnerait-il le monde entier, s'il perdait son âme, qu'il n'y avait qu'une foi et un Jésus-Christ, et une vérité simple et indivisible, qui ne se montre qu'à ceux qui la cherchent avec un cœur humble et une volonté désintéressée. Il n'était pas encore éclairé; mais il commençait d'être docile. Combien de fois consulta-t-il des amis savants et fidèles? Combien de fois, soupirant après ces lumières vives et efficaces, qui seules triomphent des erreurs de l'esprit humain, dit-il à Jésus-Christ, comme cet aveugle de l'évangile : « Seigneur, faites que je voie? » Combien de fois essaya-t-il d'une main impuissante d'arracher le bandeau fatal qui fermait ses yeux à la vérité? Combien de fois remonta-t-il jusqu'à ces sources anciennes et pures, que Jésus-Christ a laissées à son Eglise, pour y puiser avec joie les eaux d'une doctrine salutaire?

Habitude, prétextes, engagement, honte de changer, plaisir d'être regardé comme le chef et le protecteur d'Israël, vaines et spécieuses raisons de la chair et du sang, vous ne pûtes le retenir, Dieu rompit tous ses liens, et, le mettant dans la liberté de ses enfants, le fit passer de la région des ténèbres au royaume de son fils bien-aimé, à qui il appartenait par son élection éternelle. Ici un nouvel ordre de choses se présente à moi. Je vois de plus grandes actions, de plus nobles motifs, une protection de Dieu plus visible. Je parle désormais d'une sagesse que la véritable piété accompagne, et d'un courage que l'esprit de Dieu fortifie. Renouvelez donc votre attention, et suppléez dans vos pensées à ce qui manquera à mes expressions et à mes paroles.

Si M. de Turenne n'avait su que combattre et vaincre; s'il ne s'était élevé au-dessus des vertus humaines; si sa valeur et sa prudence n'avaient été animées d'un esprit de foi et de charité, je le mettrais au rang des Scipion et des Fabius, je laisserais à la vanité le soin d'honorer la vanité, et je ne viendrais pas dans un lieu saint faire l'éloge d'un homme profane. S'il avait fini ses jours dans l'aveuglement et dans l'erreur, je louerais en vain des vertus que Dieu n'aurait pas couronnées : je répandrais des larmes inutiles sur son tombeau; et si je parlais de sa gloire, ce ne serait que pour déplorer son malheur. Mais, grâce à Jésus-Chris, je parle d'un chrétien éclairé des lumières de la foi, agissant par les principes d'une religion pure, et consacrant par une sincère piété tout ce qui peut flatter l'ambition ou l'orgueil des hommes.

Ainsi les louanges que je lui donne retournent à Dieu, qui en est la source ; et comme c'est la vérité qui l'a sanctifié, c'est aussi la vérité que je loue.

Que sa conversion fut entière, Messieurs ! et qu'il fut différent de ceux qui, sortant de l'hérésie par des vues intéressées, changent de sentiments sans changer de mœurs, n'entrent dans le sein de l'Eglise que pour la blesser de plus près par une vie scandaleuse, et ne cessent d'être ennemis déclarés qu'en devenant enfants rebelles ! Quoique son cœur fût sauvé des déréglements que causent d'ordinaire les passions, il prit encore plus de soin de le régler, il crut que l'innocence de sa vie devait répondre à la pureté de sa créance. Il connut la vérité, il l'aima, il la suivit. Avec quel humble respect assistait-il aux sacrés mystères ! Avec quelle docilité écoutait-il les instructions salutaires des prédicateurs évangéliques ! Avec quelle soumission adorait-il les œuvres de Dieu, que l'esprit humain ne peut comprendre ! Vrai adorateur en esprit et en vérité, cherchant le Seigneur, selon le conseil du Sage, dans la simplicité du cœur, ennemi irréconciliable de l'impiété, éloigné de toute superstition, et incapable d'hypocrisie.

A peine a-t-il embrassé la sainte doctrine, qu'il en devient le défenseur ; aussitôt qu'il est revêtu des armes de lumière, il combat les œuvres de ténèbres, il regarde en tremblant l'abîme d'où il est sorti, et il tend la main à ceux qu'il y a laissés. On dirait qu'il est chargé de ramener dans le sein de l'Eglise tous ceux que le schisme en a séparés : il les invite par ses conseils, il les attire par ses bienfaits, il les presse par ses raisons; il les convainc par ses expériences; il leur fait voir les écueils ou la raison humaine fait tant de naufrages, et leur montre derrière lui, selon les termes de saint Augustin, le pont de la miséricorde de Dieu, par où il vient de passer lui-même. Tantôt il allume le zèle des docteurs, et les exhorte d'opposer au faste du mensonge la force de la vérité. Tantôt il leur découvre ces voies douces et insinuantes qui gagnent le cœur pour gagner l'esprit. Tantôt il fournit, selon son pouvoir, les fonds nécessaires pour assister ceux qui abandonnent tout pour suivre Jésus-Christ qui les appelle. Vous le savez, évêques confidents de son zèle, tout occupé qu'il est dans le cours de ses dernières actions de guerre, il concerte avec vous des entreprises de religion, et n'oublie rien de ce qui peut contribuer ou à instruire ceux qu'une longue prévention aveugle, ou à gagner ceux que la cupidité et l'intérêt retiennent encore dans les erreurs; digne fils de cette Eglise dont la charité s'étend à tout, à l'imitation de celle de Dieu, et qui procure à ses enfants, outre l'héritage éternel, le soulagement même de leurs nécessités temporelles.

Telle était la disposition de son âme, Messieurs, lorsque la providence de Dieu permit que le roi, justement irrité, allât porter la

guerre au milieu des États d'une république injuste et ingrate, et fit sentir la force de ses
armes à ceux qui méprisaient ses bienfaits, et
qui voulaient s'opposer à sa gloire. Ce fut alors
que notre héros reprit les armes, et qu'à la suite
de son maître, et à la tête de ses armées, il ex-
posa son sang dans une guerre non-seulement
heureuse, mais sainte, où la victoire avait
peine à suivre la rapidité du vainqueur, et où
Dieu triomphait avec le prince. Quelle était sa
joie, lorsque, après avoir forcé des villes, il
voyait son illustre neveu, plus éclatant par ses
vertus que par sa pourpre, ouvrir et réconcilier
des églises ! Sous les ordres d'un roi aussi pieux
que puissant, l'un faisait prospérer les armes,
l'autre étendait la religion : l'un abattait des
remparts, l'autre redressait des autels : l'un rava-
geait les terres des Philistins, l'autre portait
l'arche autour des pavillons d'Israël : puis, unis-
sant ensemble leurs vœux, comme leurs cœurs
étaient unis, le neveu avait part aux services
que l'oncle rendait à l'état, et l'oncle avait part
à ceux que le neveu rendait à l'Eglise.

Suivons ce prince dans ses dernières campagnes, et regardons tant d'entreprises difficiles,
tant de succès glorieux, comme des preuves de
son courage et des récompenses de sa piété.
Commencer ses journées par la prière, réprimer
l'impiété et les blasphèmes, protéger les personnes et les choses saintes contre l'insolence et
l'avarice des soldats, invoquer dans tous les

dangers le Dieu des armées, c'est le devoir et le soin ordinaire de tous les capitaines. Pour lui, il passe plus avant. Lors même qu'il commande aux troupes, il se regarde comme un simple soldat de Jésus-Christ; il sanctifie les guerres par la pureté de ses intentions, par le désir d'une heureuse paix, par les lois d'une discipline chrétienne; il considère ses soldats comme ses frères, et se croit obligé d'exercer la charité dans une profusion cruelle où l'on perd souvent l'humanité même. Animé par de si grands motifs, il se surpasse lui-même, et fait voir que le courage devient plus ferme quand il est soutenu par des principes de religion; qu'il y a une pieuse magnanimité qui attire les bons succès, malgré les périls et les obstacles, et qu'un guerrier est invincible quand il combat avec foi, et quand il prête des mains pures au Dieu des batailles qui le conduit.

Comme il tient de Dieu toute sa gloire, aussi la lui rapporte-t-il toute entière, et ne conçoit autre confiance que celle qui est fondée sur le nom du Seigneur. Que ne puis-je vous représenter ici une de ces importantes occasions où il attaque avec peu de troupes toutes les forces de l'Allemagne! il marche trois jours, passe trois rivières, joint les ennemis, les combat et les charge. Le nombre d'un côté, la valeur de l'autre, la fortune est longtemps douteuse. Enfin le courage arrête la multitude; l'ennemi s'ébranle et commence à plier. Il s'élève une voix qui crie : Victoire! Alors ce général suspend toute l'émotion que donne l'ardeur du combat, et d'un ton sévère : « Arrêtez, dit-il, notre sort n'est pas » en nos mains, et nous serons nous-mêmes » vaincus, si le Seigneur ne nous favorise. » A ces mots il lève les yeux au ciel d'où lui vient son secours, et continuant à donner ses ordres, il attend avec soumission, entre l'espérance et la crainte, que les ordres du ciel s'exécutent.

Qu'il est difficile, Messieurs, d'être victorieux et d'être humble tout ensemble ! Les prospérités militaires laissent dans l'âme je ne sais quel plaisir touchant, qui la remplit, l'occupe tout entière. On s'attribue une supériorité de puissance et de force ; on se couronne de ses propres mains ; on se dresse un triomphe secret à soi-même ; on regarde comme son propre bien ces lauriers qu'on cueille avec peine, et qu'on arrose souvent de son sang ; et lors même qu'on rend à Dieu de solennelles actions de grâces, et qu'on pend aux voûtes sacrées de ses temples des drapeaux déchirés et sanglants qu'on a pris sur les ennemis, qu'il est dangereux que la vanité n'étouffe une partie de la reconnaissance, qu'on ne mêle aux vœux qu'on rend au Seigneur des applaudissements qu'on croit se devoir à soi-même, et qu'on ne retienne au moins quelques grains de cet encens qu'on va brûler sur ses autels !

C'était en ces occasions que M. de Turenne, se dépouillant de lui-même, renvoyait toute la gloire à celui à qui seul elle appartient légitimement. S'il marche, il reconnaît que c'est Dieu qui le conduit et qui le guide : s'il défend des places, il sait qu'on les défend en vain, si Dieu ne les garde : s'il se retranche, il lui semble que c'est Dieu qui lui fait un rempart pour le mettre à couvert de toute insulte : s'il combat, il sait d'où il tire toute sa force; et s'il triomphe, il croit voir dans le ciel une main invisible qui le couronne. Rapportant ainsi toutes les grâces qu'il reçoit à leur origine, il en attire de nouvelles. Il ne compte plus que les ennemis qui l'environnent; et, sans s'étonner de leur nombre ou de leur puissance, il dit avec le prophète : « Ceux-là se firent au nombre de leurs com- » battants et de leurs chariots; pour nous, » nous reposons sur la protection du Tout-Puis- » sant. » Dans cette fidèle et juste confiance, il redouble son ardeur, forme de grands desseins, exécute de grandes choses, et commence une campagne qui semblait devoir être si fatale à l'Empire.

Il passe le Rhin et trompe la vigilance d'un général habile et prévoyant. Il observe les mouvements des ennemis. Il relève le courage des alliés. Il ménage la foi suspecte et chancelante des voisins. Il ôte aux uns la volonté, aux autres les moyens de nuire; et, profitant de toutes ces conjectures importantes qui préparent les grands et glorieux événements, il ne laisse rien à la fortune de ce que le conseil et la prudence humaine lui peuvent ôter. Déjà frémissait dans son camp l'ennemi confus et déconcerté. Déjà prenait l'essor, pour se sauver dans les montagnes, cet aigle dont le vol hardi avait d'abord effrayé nos provinces. Ces foudres de bronze que l'enfer a inventés pour la destruction des hommes tonnaient de tous côtés pour favoriser et pour précipiter cette retraite, et la France en suspens attendait le succès d'une entreprise qui, selon toutes les règles de la guerre, était infaillible.

Hélas! nous savions tout ce que nous pouvions espérer, et nous ne pensions pas à ce que nous devions craindre. La Providence divine nous cachait un malheur plus grand qu'une bataille. Il en devait coûter une vie que chacun de nous eût voulu racheter de la sienne propre, et tout ce que nous pouvions gagner ne valait pas ce que nous allions perdre. O Dieu terrible, mais juste en vos conseils sur les enfants des hommes, vous disposez et des vainqueurs et des victoires! Pour accomplir vos volontés et faire craindre vos jugements, votre puissance renverse ceux que votre puissance avait élevés. Vous immolez à votre souveraine grandeur de grandes victimes, et vous frappez quand il vous plaît ces têtes illustres que vous avez tant de fois couronnées.

N'attendez pas, Messieurs, que j'ouvre ici une scène tragique, que je représente ce grand homme étendu sur ses propres trophées, que je découvre ce corps pâle et sanglant auprès duquel fume encore la foudre qui l'a frappé, que je fasse crier son sang comme celui d'Abel, et que j'expose à vos yeux les tristes images de la religion et de la patrie éplorée. Dans les pertes médiocres on surprend ainsi la piété des auditeurs ; et, par des mouvements étudiés, on tire au moins de leurs yeux quelques larmes vaines et forcées. Mais on décrit sans art une mort qu'on pleure sans feinte. Chacun trouve en soi la source de sa douleur, et rouvre lui-même sa plaie ; et le cœur, pour être touché, n'a pas besoin que l'imagination soit émue.

Peu s'en faut que je n'interrompe ici mon discours. Je me trouble, Messieurs ; Turenne meurt ; tout se confond, la fortune chancelle, la victoire se lasse, la paix s'éloigne, les bonnes intentions des alliés se ralentissent, le courage des troupes est abattu par la douleur et ranimé par la vengeance ; tout le camp demeure immobile. Les blessés pensent à la perte qu'ils ont faite, et non pas aux blessures qu'ils ont reçues. Les pères mourants envoient leur fils pleurer sur leur général mort. L'armée en deuil est occupée à lui rendre les devoirs funèbres ; et la renommée, qui se plaît à répandre dans l'univers les accidents extraordinaires, va remplir toute l'Europe du récit glorieux de la vie de ce prince, et du triste regret de sa mort.

Que de soupirs alors ! que de plaintes ! que de louanges retentissent dans les villes, dans la campagne ! L'un voyant croître ses moissons, bénit la mémoire de celui à qui il doit l'espérance de sa récolte ; l'autre, qui jouit encore en repos de l'héritage qu'il a reçu de ses pères, souhaite une éternelle paix à celui qui l'a sauvé des désordres et des cruautés de la guerre. Ici l'on offre le sacrifice adorable de Jésus-Christ pour l'âme de celui qui a sacrifié sa vie et son sang pour le bien public : là on lui dresse une pompe funèbre, où l'on s'attendait de lui dresser un triomphe. Chacun choisit l'endroit qui lui paraît le plus éclatant dans une si belle vie. Tous entreprennent son éloge ; et chacun s'interrompant lui-même par ses soupirs et par ses larmes admire le passé, regrette le présent, et tremble pour l'avenir. Ainsi tout le royaume pleure la mort de son défenseur ; et la perte d'un homme seul est une calamité publique.

Tirons donc, Messieurs, tirons de notre douleur des motifs de pénitence, et ne cherchons qu'en la piété de ce grand homme de vraies et solides consolations. Citoyens, étrangers, ennemis, peuples, rois, empereurs, le plaignent et le révèrent ; mais que peuvent-ils contribuer à son véritable bonheur ! Son roi même, et quel roi ! l'honore de ses regrets et de ses larmes : grande et précieuse marque de tendresse et d'estime pour un sujet, mais inutile pour un chrétien. Il vivra, je l'avoue, dans l'esprit et dans la mémoire des hommes : mais l'Écriture m'apprend que ce que l'homme pense, et l'homme lui-même, n'est que vanité. Un magnifique tombeau enfermera ses tristes dépouilles ; mais il sortira de ce superbe monument, non pour être loué de ses exploits héroïques mais pour être

jugé selon ses bonnes ou mauvaises œuvres. Ses
cendres seront mêlées avec celles de tant de rois
qui gouvernèrent ce royaume, qu'il a si généreu-
sement défendu; mais, après tout, que leur res-
te-il, à ces rois non plus qu'à lui, des applaudissements du monde, de la foule, de leur cour,
de l'éclat et de la pompe de leur fortune, qu'un
silence éternel, une solitude affreuse, et une
terrible attente des jugements de Dieu, sous ces
marbres précieux qui les couvrent? Que le monde
honore donc comme il voudra les grandeurs humaines, Dieu seul est la récompense des vertus
chrétiennes.

FIN.

Limoges. —Imp. E. Ardant et Cie.

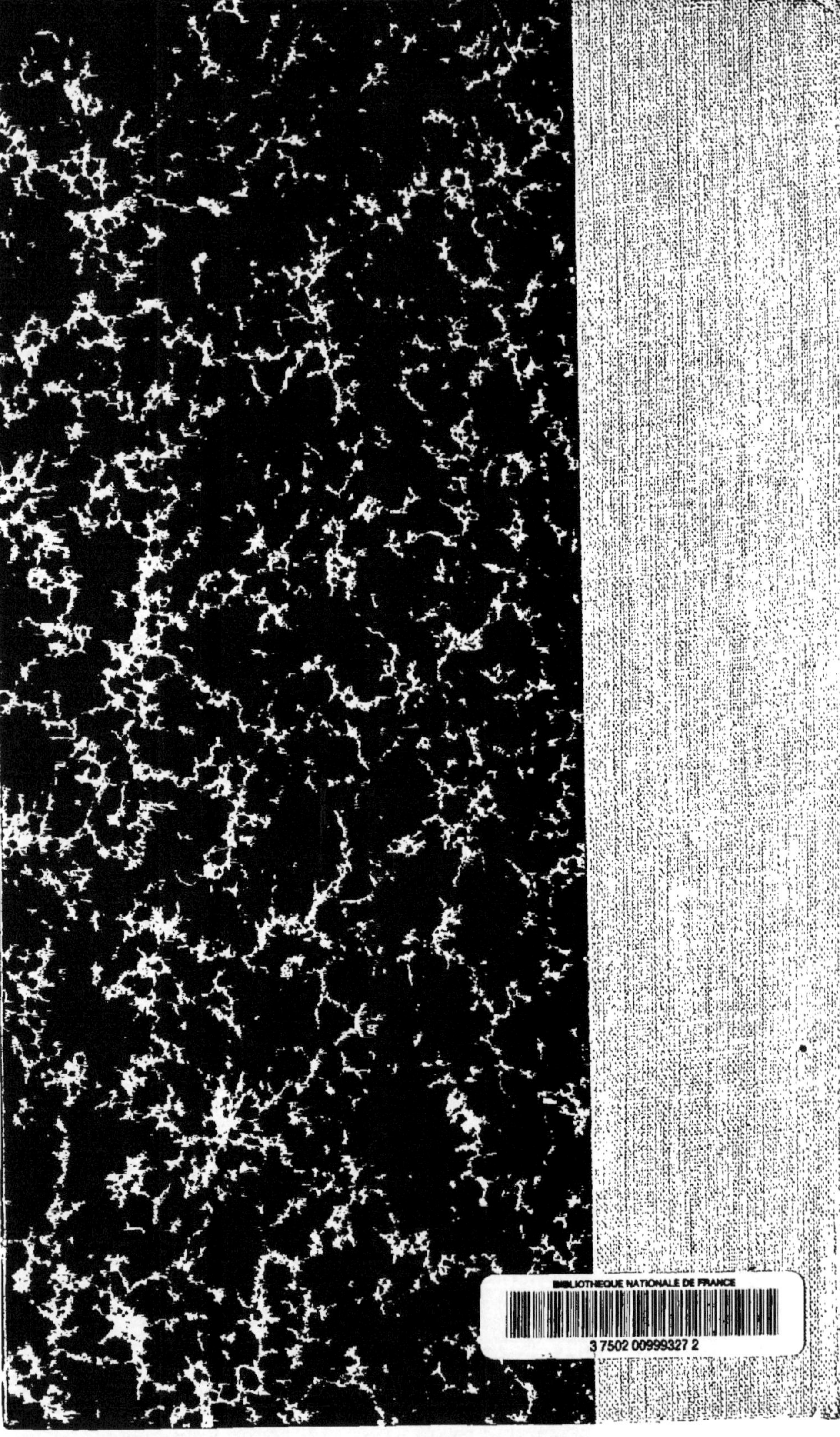

9 782019 626754